CONTENTS

CHAPTER			PAGE
Chapter 1	Беспилотники	Drones	2
Chapter 2	Судьба культурных экспонатов в 21 веке	Cultural exhibits in the 21st century	14
Chapter 3	Экономическая география России	Economic geography of Russia	30
Chapter 4	Альтернативные виды топлива	Alternative fuels	41
Chapter 5	Язык СМС	SMS language	55
Chapter 6	Новейшая ксенолексика	The latest xenolexics	64
Chapter 7	Электронная коммерция	E-commerce	80

CHAPTER 1
Беспилотники

ЗАДАНИЕ 1. Ознакомьтесь с синонимами.

беспилотник/дрон/беспилотный летательный аппарат
(БПЛА)/квадрокоптер/мультикоптер

ЗАДАНИЕ 2. Посмотрите видео. О каких преимуществах беспилотников говорит журналист?

Заполните пропуски.

катастрофа	вертолетах	незаменимы	аппараты

Эти .... невозможно услышать, они практически невидимы с Земли, их формы и системы управления зачастую превосходят ту, что используются в современных самолетах и .... Чтобы оставаться в воздухе, им не требуется участия человека. Ни одна их

.... еще не приводила к гибели людей. Все это беспилотные летательные аппараты. Такие неприметные внешне, похожи на игрушки и абсолютно .... в современной жизни. О том, зачем они нужны, где производится, как летают и на что способны, вы узнаете в этом фильме.

1. **превосходить** - surpass	
2. **гибель** - death	
3. **неприметный** - inconspicuous	

ЗАДАНИЕ 3. Прочитайте определения. Посмотрите видео. Найдите в тексте слова и выражения, соответствующие определениям в таблице.

1. старт, начало, пуск	
2. участок сухопутного аэродрома, подготовленный для посадки и взлёта воздушных судов	
3. максимальная грузоподъемность воздушного судна, обычно выражаемая массой	
4. тип закрытого автомобильного кузова, предназначенный для перевозки грузов	
5. привести в состояние, нужное для работы, наладить, отрегулировать	
6. команда, которую лётчик винтового самолёта голосом подаёт перед запуском двигателя, чтобы выпускающий авиатехник отошёл от начинающего вращение винта	
7. корпус летательного аппарата	
8. приобрести уверенность в чем-л., поверить во что-л.	
9. сильный подъем радостных чувств; восхищение	

Взлетно-посадочная полоса аэродрома, она может быть разной длины с искусственным или грунтовым покрытием. Способен ли современный летательный аппарат обойтись без нее? В принципе способен. Только тогда этому летательному аппарату нужно быть как минимум без пассажиров и экипажа на борту, беспилотным. А таким, зачастую, для взлета и обычного поля достаточно.

Просто для беспилотников аэродром в буквальном смысле - привозится с собой на небольшом **фургоне** прямо туда, где будет **запуск** аппарата. Это называется довольно длинно: мобильный многофункциональный беспилотный комплекс. Для его полного развертывания, ну, то есть для того, чтобы включить и **настроить** все системы, нужно где-то от 5 до 10, ну, максимум 15 минут. Вот, в принципе, все и готово. А что, собственно, готово? Ну, во-первых, сам беспилотный аппарат, их может быть несколько. Затем система управления, как правило, это ноутбук и джойстики, батареи для беспилотника, катапульта для его запуска, антенна для связи с ним и набор инструментов. В общем, это действительно почти аэродром. Все элементы такие же, только в миниатюре.

Рогатка

- Ну, вот можно сказать, что все готово. Все готово к взлету.

- Фактически да. Осталось развернуть катапульту, подключить станцию управления и захватить координаты GPS.

- И, соответственно, **от винта!**

- Да.

Сперва настраивается беспилотник, вручную прокручивается винт, чтобы не было залипов. Включается **полезная нагрузка**, это камера на подвижной платформе. Проверяются элевоны, захватываются спутниковые координаты.

Это напоминает предполетный осмотр большого воздушного судна. В принципе, смысл тот же: **убедиться**, что все работает на земле, чтобы не было проблем в воздухе. Затем настает очередь катапульты. Катапульты бывают механические, пневматические, а это самый простейший вариант - резиновая катапульта. Принцип работы как у гигантской рогатки. Катапульту закрепляют на земле, разматывают. Далее запуск.

Катапульта

Секундочку, пока не забыли, немного истории. Когда появились беспилотники? Ну, справедливости ради надо сказать, что первым таким аппаратом был не самолет, а судно. Миниатюрный радиоуправляемый корабль в 1898 году продемонстрировал знаменитый ученый Никола Тесла. Публика была в **восторг**е. В 30-е годы прошлого века Великобритания сумела запустить радиоуправляемый биплан. Он и подобные ему использовались в качестве летающих мишеней. Военные были в неменьшим восторге. Беспилотники, как самолеты-шпионы, начали массово строиться 50 лет назад. Сегодня на них уже ставится серьезное вооружение, и поговаривают о возможности использовать беспилотные вертолеты для эвакуации раненых прямо во время боя.

Врачи свой восторг по поводу такой оперативности заранее не скрывают.

Вернемся к запуску аппарата. Катапульта цепляется за крючки на **фюзеляж**е. И командуйте, шеф.

- Установил!

1. **взлетно-посадочная полоса** - runway strip
2. **грунтовое покрытие** – dirt road
3. **экипаж** - crew
4. **в буквальном смысле** - literally
5. **в принципе** – basically
6. **система управления** - control system
7. **станция управления** - control station
8. **подвижная платформа** - mobile platform
9. **пневматический** - pneumatic
10. **резиновый** - rubber
11. **биплан** - biplane
12. **мишень** - target
13. **фюзеляж** - fuselage
14. **крючок** - hook
15. **растягивать/растянуть** - stretch

- Растянуть катапульту!

- Готов.

- Даю готовность.

- Готов.

- Старт.

- Отличный старт.

- Да, отличный старт против ветра. Набирает высоту 100 метров, круг влево уходит и ждет следующих команд от оператора.

ЗАДАНИЕ 4. Посмотрите видео. Соедините слова из текста.

1. раз	a. батарейка
2. наблюдение	b. высоту
3. в режиме	c. и навсегда
4. сядет	d. посадка
5. изменить	e. в точку старта
6. вернуться	f. с воздуха
7. вертикальная	g. реального времени

Прямо сейчас можно раз и навсегда понять, зачем нужны беспилотники. В первую очередь, вот для этого - чтобы вести наблюдение с воздуха. Все остальные задачи у них, по крайней мере, на сегодняшний день, вторичны.

— Значит, мы сейчас на мониторе видим то, что снимает в режиме реального времени беспилотник.

- Все правильно, да? Мы сейчас находимся примерно два километра от нашей точки взлета и наблюдаем над ангарами, которые построены здесь, рядом с полем.

Вопрос из зала: «Вот вы разговариваете, а кто аппаратом то управляет?»

- Управляет автопилот, которым стоят гироскопы, GPS приемники и так далее. Вот мы даем заданные координаты, и он выполняет эту задачу. Он это будет продолжать, пока не сядет батарейка или не поменяете ему задание.

Это тоже довольно явное отличие современных беспилотников от современной же пилотируемой авиации. Все эти аппараты- роботы. Человек управляет ими частично. Вот мне без предварительной подготовки доверяют джойстик, и никто не боится, что я разобью самолет.

- Вы можете, например, добавить скорость?

-Да.

- Скорость 70 километров в час достигнута.

- Здесь можете, например, добавить еще высоты.

- Добавить скорость, изменить высоту. Но как это сделать, беспилотник решает самостоятельно. Он сам управляет и элевонами, и двигателем, исключает ошибки. Скажем, я специально не смогу его уронить в штопор. И даже если теряется связь с землей, для аппарата — это не критично. Он либо выполнит задание и вернется на точку старта, либо улетит. Опять же, если это было запрограммировано заранее, на другую точку для посадки. Кстати, посадку он тоже может произвести сам или по команде с земли без разницы.

- Двигатель, стоп.

- Парашют.

- Когда нет взлетно-посадочной полосы- по-другому сесть и не получится. А так очень даже эффективно. Вертикальная посадка, как на вертолете.

ЗАДАНИЕ 5. Посмотрите 2 коротких видео. Отметьте, в каком из видео вы услышали следующие предложения.

….. С помощью них беспилотники становятся зрячими даже ночью, когда многие пилотируемые аппараты летать в принципе не могут.

….. Ну прежде всего сверху действительно все видно лучше. То есть не отдельные детали, а все они в совокупности.

….. Такой подход: две камеры- одна обычная, другая тепловизорная, применяется практически во всех современных беспилотных летающих аппаратах.

….. Но у беспилотника есть секретное оружие. Конечно, не секретное и никакое не оружие. Это тепловизор, дополнительная камера, способная улавливать тепловое излучение предметов.

….. Или простейший пример- лесные пожары, что видно с земли? В лучшем случае- столб пыли, столбы дыма на горизонте. А ведь сверху можно установить их конкретное местоположение или даже найти скрытые очаги.

..... Можем определить его координаты точные до трёх метров. Сейчас мы передадим эти координаты спасательной группе.

..... Тепловизоры способны заметить горящие торфяники или видеть сквозь густую завесу дыма очаги пожара на земле.

ЗАДАНИЕ 6. Посмотрите видео. Заполните этапы производства беспилотников.

..... *присоединение второй половины крыла*

..... *создание внешней обшивки*

..... *установка микросхем и программного обеспечения*

..... *установка проводов, стрингеров и шпангоутов*

Это небольшое двухэтажное здание, настоящий авиазавод. С той лишь разницей, что изготавливаются здесь аппараты, на которых люди летать не будут. И на этом отличия не заканчиваются. Это совсем не похоже на производство пилотируемых больших самолетов и вертолетов. Там сперва создается обычно внутренний каркас, а потом на него накладывается внешняя обшивка. У беспилотников все происходит ровно наоборот. Наоборот: то есть сперва внешняя обшивка, а уже потом все остальное. По трафареты из стеклоткани вырезается крыло, затем и эпоксидной смолой оно тщательным образом прописывается, помещается в форму и дальше под вакуумный пресс. В результате получается вот такая половинка крыла. Затем внутрь устанавливаются провода, стрингеры и шпангоуты, и сверху все это накрывается второй половиной крыла. Кто-то скажет ну хорошо, крылья, крылья. А где же фюзеляж? Привычная глазу форма самолета- фюзеляж и крылья. Но конструкция беспилотника может быть очень вариативна- это классическая, а вот, так называемая, безхвостка или летающее крыло.

В общем, в силу небольших размеров и априори безопасности для людей конструкторы беспилотных летательных аппаратов не стесняются не бояться придумывать что-то новое и необычная. Форма беспилотника: она во все времена отличалась от внешнего облика пилотируемых летательных аппаратов. Почему? Ну, в первую очередь, конечно, это продиктовано размерами. Они сравнительно небольшие. А в авиации чем меньше, тем проще. Скажем, форма летающее крыло. Ее уже давно хотят применять и в гражданской авиации. Но большие самолеты такой формы в воздухе становятся очень неустойчивыми, рыскнивым. А маленькие аппараты, пожалуйста, летают хоть куда.

Мы поднимаемся на второй этаж производства, где занимаются финальной сборкой аппаратов. Сейчас увидим, как это происходит. На втором этаже окончательная сборка, устанавливаются микросхемы, мозги будущего аппарата, тут же пишется программное обеспечение. В общем, беспилотник приобретает свой законченный товарный вид.

Вы не поверите, но это самый настоящий авиационный двигатель. Такой миниатюрный, потому что, во-первых, тут сравнительно небольшая мощность, а во-вторых, это электродвигатель. Существуют, конечно, турбовинтовые и даже турбо реактивные беспилотники, но у этого двигателя огромные преимущества.

Он работает очень тихо, поэтому аппарат во время полета практически не слышно. Отдельно от беспилотника готовится их полезная нагрузка. Если проводить аналогию с пилотируемой авиацией, то там полезная нагрузка - это люди, а здесь - камеры. Кстати, они действительно считаются если не самой дорогой деталью, то, по крайней мере, самой хрупкой. Так что во время обучения запуску беспилотников используют планер без камеры. Вот и мне доверили потренироваться на таком.

Это упражнение специально для тех, кто учится запускать беспилотный летательный аппарат. Я это буду делать в первый раз. Так значит, беспилотник должен стоять абсолютно прямо, горизонтально, без завалов, налево и направо. Держится он таким образом левая рука впереди, правая сзади. Затем несколько шагов назад. Раз, два, три, четыре, пять, шесть, семь, восемь и раз.

ЗАДАНИЕ 7. Посмотрите видео. В чём разница между вертолётом и шестикоптером?

Мы отправляемся запускать беспилотный шестикоптер. Его можно было назвать и привычным словом вертолет. Если бы не форма и отличия в конструкции. Хотя в конструкции этого шестикоптера нет автомата перекоса, механизма, который управляет работой несущих винтов

1. **шестикоптер** – 6-axis drone
2. **автомат перекоса** - swashplate
3. **винт** – wind stick
4. **крен** – banking angle
5. **тангаж** - tangage
6. **летающая тарелка** - UFO

больших вертолетов и тем самым отвечает за их крен и тангаж. А здесь? Винты работают с разной скоростью и шестикоптер сам себя стабилизирует. В общем, вся эта конструкция проста и универсальна, напоминает даже чем-то летающую тарелку. Ну конечно, грубо говоря.

ЗАДАНИЕ 8. Прочитайте и послушайте статью. Ответьте на вопросы после статьи.

ОТ ОХРАННИКА ДО ШТУРМОВИКА: НОВЕЙШИЕ РОССИЙСКИЕ БЕСПИЛОТНИКИ НА ФОРУМЕ "АРМИЯ-2023"

Революционное оружие

Очевидно, что в настоящее время беспилотные летательные аппараты (БПЛА) совершают на поле боя очередную революцию, так же, как много лет назад это делали только появившиеся самолеты и танки. Поэтому неудивительно, что на крупнейшей выставке вооружений — форуме "Армия" в подмосковном парке "Патриот" — с каждым годом участвует все больше производителей беспилотников. Причем растет не только число самих представленных на экспозиции аппаратов, расширяется и область их применения.

Штурмовики-разведчики

Боевыми они стали не сразу. Вначале их использовали для спортивных состязаний и съемок боевиков, когда нужно было сделать так, чтобы у зрителя буквально голова кругом пошла. Сегодня FPV-дроны — грозное оружие, способное маневрировать на скорости в 200 км/ч, влетать в форточки и вентиляционные отверстия, пикировать с зарядом на любую, даже быстро движущуюся цель. Одни из главных новинок в этом направлении дроностроения на форуме "Армия-2023" представило Оптико-механическое конструкторское бюро (ОКБ) "Астрон" холдинга "Швабе" (входит в госкорпорацию "Ростех", объединяет несколько десятков научных центров в 10 городах России).

На стенде "Астрона" четыре главных разработки ОКБ: две из них — разведывательно-ударные БПЛА "Курс-800 ТБ", работающие в режиме обычных БПЛА, еще два FPV-дрона с кумулятивно-осколочными боевыми элементами "Гранат-КОБЭ".

"Компания ОКБ "Астрон" выпускает FPV-дроны, они же дроны-камикадзе, под различную полезную нагрузку. Это могут быть гранаты ПГ-7, а также кумулятивно-осколочные боеприпасы массой от 500 г. Также на наших боевых дронах могут быть использованы подвесы для кассеты из четырех кумулятивных боеприпасов", — сказал в интервью ТАСС главный конструктор ОКБ "Астрон" Виталий Серов.

"Наши шлемы и очки прошли апробацию на базе Новосибирского высшего военного училища и готовы к серийному производству. Что же касается в целом обучения военнослужащих работе с FPV-беспилотниками, то здесь проблем нет. У нашего предприятия есть соответствующий опыт и кадры.

FPV-дроны предприятия, как и многие другие летающие камикадзе, лишены многих традиционных для БПЛА приборов, таких как, например, навигатор и датчик положения в воздухе. Разведчики "Курс", напротив, буквально нашпигованы современной аппаратурой. У каждого, кроме всего прочего, есть тепловизионный канал для круглосуточного поиска, обнаружения, распознавания и определения координат целей. Высота полета разведчика —

до 3 км, радиус действия — до 5 км. Дальность распознавания живой силы противника — днем до 350 м, ночью — до 400 м. Дальность обнаружения техники — до 800 м.

1. **поле боя** - battlefield
2. **выставка** - exhibition
3. **вооружение** - weapons
4. **производитель** - manufacturer
5. **экспозиция** - exposition
6. **состязание** - competition
7. **буквально** - literally
8. **форточка** – small window
9. **грозное оружие** - formidable weapon
10. **разработка** - development
11. **кумулятивно-осколочные боевые элементы** - cumulative fragmentation combat elements
12. **шлемы** - helmets
13. **датчик положения в воздухе** - air position sensor
14. **обнаружение** - detection
15. **радиосигнал** - radio signal
16. **ретрансляция** - retransmission
17. **препятствие** - obstruction
18. **на привязи** - on a leash
19. **МЧС** - Ministry of Emergency Situations
20. **зондирование** - probing
21. **высокая детализация изображения** - high detailed image
22. **интегрирование** - integration
23. **в укрытии** - in the shelter
24. **кабель** - cable
25. **носилки** - stretcher

"Квазимачта"

Передать в сложных географических условиях радиосигнал, увидеть в ночи приближающихся диверсантов или засечь вражеский беспилотник — все это может новейший российский беспилотник под названием "Квазимачта", созданный концерном "Калашников" и компанией "ЮВС Авиа".

"Квазимачта" — это система подъема аппаратуры. Основное ее предназначение — ретрансляция радиосигнала. Например, если вам нужно передать сигнал из одной точки в другую, но на пути стоит гора или другое препятствие, "Квазимачта" с закрепленным на ней навесным оборудованием поможет его обойти", — рассказал ТАСС техник-конструктор предприятия "ЮВС Авиа" Роман Бартагов. По его словам, устройство нельзя назвать классическим беспилотником, так как "Квазимачта" во время своей работы все время находится на привязи. Питание осуществляется по специальному кабелю, за счет чего квадрокоптер способен взлетать на высоту до 100 м и работать без остановки более 24 ч.

"Также "Квазимачта" с помощью камеры может наблюдать за периметром в том числе в инфракрасном диапазоне. Если на площади в квадратный километр повесить четыре таких БПЛА, то у вас будет просматриваться вся территория", — говорит Роман Бартагов.

"Аппарат оборудован тепловизором и может быть с успехом применен в МЧС для радиационного мониторинга и предотвращения экологических катастроф. Кроме этого, модель без привязного питания может быть использована в качестве средства зондирования земной поверхности", — заключает представитель компании-разработчика.

"Блокпост"

Беспилотники — универсальное оружие, которое можно использовать как отдельно, так и в составе специальных комплексов, таких как "Блокпост-4Т". Инженеры "Астрона" представили на "Армии-2023" комплекс дальней тепловизионной разведки с интеллектуальной аналитикой, позволяющий обнаруживать различные цели на расстоянии в несколько километров.

"В настоящее время на вооружении российской армии находятся различные оптико-электронные средства сбора информации о местности в любых погодных условиях, в том числе тепловизионные. При этом как для оптических, так и для тепловизионных средств всегда существует дилемма — либо ты имеешь большое поле зрения, либо ты обеспечиваешь высокую детализацию изображения. <...> Мы подумали, что интегрирование летающего тепловизора в состав наземной системы наблюдения позволит нестандартно и довольно элегантно решить эту дилемму", — рассказывал ранее в интервью ТАСС генеральный директор ОКБ "Астрон" Владимир Попов.

Как ранее сообщал ТАСС, комплекс дальней разведки обладает единой системой управления и приема изображения с выводом его на единый монитор. "Наземные тепловизионные станции комплекса "Блокпост-4Т" позволяют обнаруживать людей на дистанции до 800 м и автомобили на дистанции до 2 тыс. м. Встроенная видеоаналитика выделяет обнаруженные объекты на экране для помощи оператору. Далее оператор высылает в нужную точку дрон. Распознавание обнаруженных целей производится беспилотной тепловизионной системой на дистанции до 6 км", — рассказывал в интервью гендиректор ОКБ "Астрон".

Комплекс дальней тепловизионной разведки можно размещать где угодно — от вершины дерева до взгорья. При этом оператор находится в укрытии, что очень важно в реалиях современных боевых действий. С ретранслятором оператор может быть связан по кабелю, становясь таким образом невидимым для средств РЭБ противника.

Противодронный "Серп"

Производству антидронов российские инженеры уделяют не меньше внимания, чем созданию новых БПЛА. В 2023 году на форуме "Армия" холдинг "Росэлектроника" госкорпорации "Ростех" представил развитие линейки новейших комплексов для борьбы с беспилотными летательными аппаратами "Серп-ВС-6".

Устройство, разработанное НИИ "Вектор" (входит в холдинг "Росэлектроника"), способно подавить канал управления беспилотником, разорвать связь с оператором, вывести из строя навигационное оборудование БПЛА, сорвав таким образом выполнение полетного задания. "Серп" может глушить сигналы GPS, ГЛОНАСС, Beidou и разрывать управление дронами по Wi-Fi.

Полоса обзора комплекса "Серп-ВС-6" разделена на четыре сектора по 90 градусов. Комплекс может одновременно глушить несколько каналов в радиусе 5 км и обеспечивать защиту объектов от атак сразу нескольких БПЛА, в том числе летящих с разных сторон. Диапазоны работы от 430 МГц до 5,8 ГГц позволяют бороться не только с гражданскими беспилотниками, но и с дронами специального назначения.

"Отличительная черта нового "Серпа" — работа как в направленном режиме, так и в круговом на 360 градусов. На аппарате установлены четыре панели, на которых находятся передающие антенны, работающие в разных диапазонах. Вы можете включить либо их все, либо выбрать один для работы в конкретном диапазоне, в отдельно взятый дрон", — сказал в интервью ТАСС научный руководитель проекта "Серп" НИИ "Вектор" Владмир Дубойский.

По словам Дубойского, устройство является частью системы обнаружения и подавления БПЛА "Защита", в которую кроме "Серпа" входят полуактивная РЛС и станция радиомониторинга. Работа "Защиты" начинается сразу после обнаружения локатором цели. Затем приборы радиомониторинга регистрируют частоты, на которых работает БПЛА, обнаруживают каналы управления, после чего "Серп" активирует необходимый для подавления диапазон. При этом система способна работать как в полуавтоматическом режиме в связке с оператором, так и полностью в автономном режиме.

Гибрид БПЛА с вездеходом

Среди экспонатов форума "Армия-2023" встречаются необычные беспилотники, такие как модель с цифровым обозначением "421-24" от компании "Аэроскан". Разработчики еще не решили, как назвать этот аппарат, однако его будущие задачи уже определены. Роботизированная платформа будет работать в паре с беспилотником, который сможет выполнять роль разведчика и навигатора одновременно.

По словам разработчиков, при необходимости на платформу может быть установлен пулемет или, например, научное оборудование. Также робот можно оборудовать носилками для эвакуации раненых с поля боя.

https://tass.ru/armiya-i-opk/18522513

Почему автор говорит, что «в настоящее время беспилотные летательные аппараты (БПЛА) совершают на поле боя очередную революцию»?

Для чего изначально использовались штурмовики-разведчики?

Вы согласны, что беспилотники являются универсальным оружием?

Какой вид беспилотников, представленной на выставке, на Ваш взгляд, самый многообещающий?

FUNCTION WORDS

в буквальном смысле/буквально- в прямом смысле слова; действительно, на самом деле

Примеры.

* Техасский губернатор Грег Эббот сообщил, что отряды из 10 штатов уже в пути. Всего Техас поддержало **буквально** полстраны — 25 республиканских штатов.

* Немецкая таможня напомнила о санкционном запрете на ввоз товаров из нашей страны, и предупредила: на частные посылки он тоже распространяется. А значит, любые подарки, отправленные россиянами своим друзьям и близким в ФРГ, могут быть конфискованы на границе; касается это **буквально** всего: включая одежду, косметику, игрушки, книги, сувениры.

* На Сочи обрушился, как говорят синоптики, залповый ливень; где-то стихия **в буквальном смысле** раздробила асфальт, десятки автомобилей получили повреждения.

CHAPTER 2

Судьба культурных экспонатов в *21* веке

ЗАДАНИЕ 1. Прочитайте короткую заметку о Морозове. Заполните таблицу.

деятельность	
характер	
религия	
отношение к искусству	
общественная деятельность	

Савва Тимофеевич Морозов был представителем знаменитой династии купцов-старообрядцев. Миллионер управлял семейным предприятием — текстильной Никольской мануфактурой, а также другими компаниями и заводами. Крутой характер, мощный интеллект, великолепное образование (химия в Кембридже), медвежье телосложение, огромное состояние — Савва Морозов был весьма заметной фигурой в бизнесе начала XX века.

Семья Морозовых прославилась как успехами в торговой деятельности, так и любовью к искусствам: например, его кузен Иван Абрамович собрал коллекцию импрессионистов, которой ныне гордятся Пушкинский музей и Эрмитаж. А Савва Тимофеевич предпочитал нематериальные ценности и в быту был очень прост: мог ходить в стоптанной обуви с заплатами, а из произведений искусства держал в кабинете только бюст Ивана Грозного работы Марка Антокольского.

Он заботился о своих рабочих (отменил штрафы, ввел пособия для беременных и т. д.), строил больницы, родильные приюты, жертвовал на издание книг. Симпатизируя революционному движению, он спонсировал издание газет «Искра», «Новая жизнь» и «Борьба».

Самым важным, пожалуй, оказался его вклад в создание Московского Художественного театра (МХТ им. Чехова): на строительство его здания и прочие нужды Морозов потратил колоссальную сумму — около полумиллиона рублей.

https://www.culture.ru/materials/85780/zhizn-i-smert-savvy-morozova

1. **представитель** - representative
2. **династия** - dynasty
3. **купец** - merchant
4. **старообрядец** - old believer
5. **мануфактура** - manufactory
6. **мощный** - powerful
7. **телосложение** - body type
8. **состояние** - fortune
9. **прославиться** - become famous
10. **ныне** - now
11. **стоптанная обувь с заплатками** - worn shoes with patches
12. **бюст** - bust
13. **Иван Грозный** - Ivan the Terrible
14. **пособия** - benefits
15. **родильный приют** - maternity shelter
16. **жертвовать на** - donate to

ЗАДАНИЕ 2. Посмотрите видео. Заполните пропуски.

реставратор	основатель	соображений	налаживание
шедеврам	роскошь	конфискаций	изнанка
экспонатов	коллекций	акклиматизацию	музейщиков

1. **ситуация разрешилась** - the situation was resolved
2. **экспонат** - exhibit
3. **быть задержанным** - be detained
4. **чудовищная изнанка** - monstrous underside
5. **выставочная деятельность** - exhibition activities
6. **конфискация** - confiscation
7. **изъятие** - seizure
8. **непредсказуемый** - unpredictable
9. **разум** - intelligence
10. **музейщик** - museum worker
11. **за кадром** - behind the scenes
12. **таможенная служба** - customs service
13. **защитные пломбы** - security seals
14. **мировое наследие** - world heritage
15. **роскошь** - luxury
16. **приличный** - decent
17. **русская знать** - Russian nobility
18. **акклиматизация** - acclimatization
19. **экспозиция** - exposition
20. **предшественник** - predecessor
21. **никак не обойтись** - there's no way around it
22. **реставратор** - restorer
23. **полотно** - canvas
24. **взаимодействие** - interaction
25. **налаживание** - establishing
26. **музей-заповедник** - museum-reserve
27. **из соображений безопасности** - for safety reasons
28. **подчас** - sometimes
29. **испытание** - test, ordeal

На этой неделе счастливо разрешилась самая напряженная ситуация национальной культуры. На родину вернулись почти 200 музейных ………………, задержанных на финской таможне. В итоге бывшие в Италии картины вернулись в Эрмитаж, Третьяковку, Музей Востока, Павловск, Гатчину и Царское Село. Предметы, доставленные из Японии, возвращены в Пушкинский музей. Ну и я рад бы, конечно, сказать, что на этом все закончилось. Но нет, такова сегодня чудовищная ……………… масштабной выставочной деятельности наших музеев. Сейчас за границей множество их экспонатов.

В Париже - у всех это на слуху - коллекция Морозова. Ее обещают вернуть к майским праздникам, кроме двух работ из частных ………………, на которые, как утверждают европейские власти, распространяются санкции против нашей страны. Те же проблемы возникают и в Лондоне. В Музее Виктории и Альберта проходит выставка «Фаберже от романтики до революции». Помимо Эрмитажа и Музея Московского Кремля, несколько произведений отправлены тоже из негосударственного музея Фаберже.

А вот экспонаты выставки «Кандинский, Малевич и русский авангард». В Сеуле уже пообещали полностью вернуть в Екатеринбургский музей изобразительных искусств, но не раньше официального закрытия. В общем, никаких ………………. не будет, но музейщикам сейчас не позавидуешь. Хоть официальные соглашения и запрещают изъятие работ, сами политики непредсказуемы. Но продолжаем верить в разум. Возвращенным ……………… радовалась Катерина Картузова.

Большой фургон заезжает во двор Эрмитажа. Его уже ждут десятки телекамер. Вот так рутинная работа ………………, которая всегда оставалась за кадром, стала абсолютной сенсацией. Таможенная служба снимает защитные пломбы. Все официально произведения искусства вернулись домой. Они проделали большой путь, тысячи километров, даже были арестованы на финской границе. Объекты мирового культурного наследия там квалифицировали как предметы роскоши. Но это и правда ………………- работы Кановы, Энгра, Лебренили, Карлини. Девять предметов из Эрмитажа участвовали в выставке «Гранд тур: мечта об Италии от Венеции до Помпей».

- «Гранд тур»- это обычай 19 века, когда знать всей Европы для того, чтобы стать приличными людьми, должна была приехать в Италию и познакомиться с итальянскими древностями. Огромную роль в этом играли как раз русская знать, которая собирала коллекции, которая ездила по Италии. Недаром на обложке каталога помещена картина «Семья Толстых посещает Венецию»: Толстой, внук Михаила Ивановича Кутузова. Последним владельцем этой картины был Дмитрий Иванович Толстой, последний директор императорского Эрмитажа. То есть это такой был некий русский флаг, развивающийся в пределах галереи «Италия» в Милане.

Первые сутки после долгого пути живописные экспонаты не распаковывают. Картинам нужно время на ………………. Поэтому сначала открыли короб с мраморной скульптурой «Флора» Карло Альбачини. Она займет свое место в павильоном зале.

- Как удалось установить, эту статую купил Иван Иванович Шувалов, ……………… Академии художеств, и она была привезена в Петербург в 1769 году. С тех пор она из коллекции Эрмитажа. Она повторяет античную статую Флоры Фарнезе, но в уменьшенном виде.

Также свои экспонаты получили музеи- заповедники Гатчина, Павловск, Царское Село. В Екатерининском дворце картину уже вернули на свое постоянное место в экспозицию официантской комнаты. Пейзаж, «Вид с Палатинского холма» на Колизей кисти Карла Лабруцци Однажды уже выезжал в Тревилью почти 20 лет назад, и он тоже оказался на выставке «Гранд тур» в Милане, целью которой было показать Италию глазами наших предшественников. И здесь никак не обойтись без предметов, приобретенных русской знатью.

- Нам по видеосвязи показали картину при нас по видеосвязи ……………… итальянский осмотрела ее, подтвердила, что все прекрасно с полотном, и при нас же ее упаковали в ящик. Ведь этот год должен был быть Годом музеев России в Италии. Культурные связи — это единственная возможность взаимодействия между странами и ……………… каких-то нормальных человеческих отношений.

Теперь все экспонаты дома, говорят сотрудники музея-заповедника Царское Село. А вот у Эрмитажа еще есть предметы, которые готовятся к возвращению. Но из ……………… безопасности подробности не разглашаются. Сегодня предметам искусства с российским гражданством приходится трудно за рубежом, и дорога домой подчас целое испытание. Правда, благодаря особому статусу культурных обменов их возвращение на родину становится возможным.

https://www.youtube.com/watch?v=wtXO6l9oD4I

ЗАДАНИЕ 3. Прочитайте определения. Посмотрите видео. Найдите в тексте слова и выражения, соответствующие определениям в таблице.

1. современная работа	
2. девиз, слоган	
3. интегрироваться	
4. усиление	
5. тщательный, усердный	
6. культурная ценность	
7. храм, церковь	
8. отнестись с любовью и пониманием	
9. наносить ущерб, испортить	
10. след, отметка	
11. без желания	

Дворцы и соборы, памятники и церкви. Архитектурное **наследие** Петербурга настолько обширно, что профессия реставратор просто не может быть на последнем месте. Сохранять исторические объекты и не **навредить** - главный девиз реставраторов. Работа ювелирная, хоть и приходится взаимодействовать с монументальными архитектурными доминантами города.

- Культура реставрационного процесса началась так масштабно после войны, конечно, сохранение разрушенного города, но и до войны, в общем-то, так, как мы, Санкт-Петербург изобилует большим количеством дворцов, памятников архитектуры. Все-таки была столица, и это накладывает большой **отпечаток** на объем именно тех памятников, которые требуют к себе внимания.

Реставрация мрамора, живописи, лепнины -к каждому элементу декора особый подход. Сложными с технической точки зрения считаются работы с искусственным мрамором и живописью. В Исаакиевском **собор**е сегодня реставрацию проводят порядка 30 человек. Завершить часть работ планируют к концу 2018 года, но дальше пойдет новый этап. Реконструкция будет проходить еще 10 лет. Подобные работы проводили 60 лет назад.

- Когда Комитет по культуре Санкт-Петербурга говорил, что ежели памятник является аварийным, то надо наказывать пользователя ввиду того, что он довел его до аварийного состояния. А срочная реставрация — это редкая вещь, когда внезапно бах, что-то упало, что-то отвалилось и **помимо воли**, в общем-то, пользователя.

Восстановление живописи как самый **кропотливый** процесс требует и тщательной подготовки. Вначале оценивают визуально, после собирают данные в архивах, далее фотофиксации полотна, затем **укрепление** красочного слоя, расчистка и укрепление грунтов, которые находятся под живописью. И уже один из заключительных этапов живописная реставрация - это восстановление тех небольших утрат, которые создают целостность картины.

- Только творчество, понимаете, оно движет реставратора, только творчество, только творческий человек может увидеть реставрацию и **отнестись с душой** к работе. И человек, который не понимает этой профессии очень узкой, он не находится в ней.

Картина, которую реставрировала Людмила, находилась в аварийном состоянии. Прошло 60 лет после последней реставрации. Делали ее после войны практически подручными материалами. Из основного только воск. Именно он спас полотно от разрушения, но процесс шел внутри. В данный момент профессиональную заклейку, сделанную в 2002 году, сняли. Перед реставраторами предстала полуразрушенная картина. При помощи инъекции специальными растворами ее укрепили, убрали остатки воска и пришла череда живописной реставрации. Последний этап — это нанесение защитного лака.

- Начинается бухчение, и золото может отпасть вместе со слоем штукатурки или гипса. Мы подводим клей, чтобы это все осталось. Старое золото будет укреплено, и она останется на месте. Реставрация — это самое главное- не **новодел**, а отремонтировать старое.

По слою позолоты проходят горячим утюжком. Делают это для сглаживания трещин. Реставрационные работы и их процесс во многом зависит от многих факторов: температурные особенности помещения, погодные условия, уровень сохранности и даже звук влияет. Вариации от намеченного курса могут возникать уже в процессе. Какие реставрационной техники применялись в предыдущей реставрации, определить сложно. Есть лаки, которые невозможно удалить без утраты живописного слоя. И только детальный химический анализ может дать правильное направление. Перед современными реставраторами стоят и большие вызовы.

- Все работы до определенного времени были лишь косметическими, конструкцию практически не трогали. В этом сейчас кроется большая проблема, что придется **внедряться** именно в конструктив. А для этого надо будет разбирать именно отделки, зачастую ценные, чтобы именно усиливать именно те конструкции, которые есть под этими отделками. Вот эта проблема, которую сейчас к городу приходит. Сейчас все чаще и чаще мы с этим сталкиваемся, что вроде внешне все хорошо, а потом падают целыми стенами, блоками.

Не навредить, а помочь сохранить практически **лозунг** врачей. Им и пользуются, а также активно применяют в жизнь реставраторы Петербурга.

- Для меня работа- это все потому, что я с 17 лет и училась, и потом пошла в эту профессию. Для меня это все это самое главное, потому что я очень люблю свою профессию.

И я не знаю, может быть, дай бог, чтобы так любили теперешние реставраторы свою работу, потому что у нас очень хорошие школы, у нас все мои соратники по профессии все стали очень хорошими и выдающимися реставраторами.

Многие объекты уже практически на грани, но благодаря дорогой отделке этого никто не видит. Некоторые музеи убирают крупные скульптуры в помещении и заменяют их на копии. Так делают не только в России. Опыт международный.

https://www.youtube.com/watch?v=FMbhgvrQLww

ЗАДАНИЕ 4. Посмотрите видео. Соедините слова из текста.

1.	оскорбительные	a.	власти
2.	введение	b.	района
3.	местные	c.	надписи
4.	администрация	d.	исторической амнезии
5.	российское	e.	посольство
6.	сеять	f.	войск
7.	эпидемия	g.	хаос

В Чехии приходится спасать монумент освободителю Праги маршалу Коневу.

- Как видно на кадрах из Праги, неизвестные облили постамент красной и белой краской и оставили надписи.

- Некие вандалы облили монумент краской и нанесли на него оскорбительные надписи.

- Чем же не угодил монумент?

- Кому он помешал и что за эпидемия исторической амнезии охватила Восточную Европу?

1. **освободитель** - liberator
2. **вандалы** - vandals
3. **облить краской** - pour paint
4. **подавление венгерского восстания** - suppression of the Hungarian uprising
5. **восстановление** - recovery
6. **судя по всему** - apparently
7. **отмывать** - wash
8. **арматура** - fittings
9. **брезент** - tarpaulin
10. **сеять хаос** - wreak havoc
11. **междоусобица** - feud

Конев действительно в 1945-ом освобождал Чехословакию от нацистов. Но в 56 году он же руководил подавлением венгерского восстания, а в 68-ом поддержал введение войск стран Варшавского договора в Чехословакию.

- Местные власти заявили: «За последние несколько лет мы потратили сотни тысяч крон на его очистку и восстановление. Больше не хотим».

- Администрация района уверяет, что у них нет средств, а, судя по всему, и желания постоянно отмывать и охранять памятник. Зато есть деньги на строительство вот такой арматуры и брезента.

- Статую закрыли брезентом и предложили российскому посольству забрать на свою территорию.

На защиту Конева вышли простые жители Праги. Более 300 человек брезент сорвали.

Так яростно жители Праги друг против друга еще не выходили на улицах.

Спор о памятнике маршалу Коневу продолжается. Министр культуры России сравнил главу района Прага-6 с нацистами.

Главе района Прага-6 угрожают смертью. Теперь его охраняет полиция.

Российская Федерация неравнодушна к Чехии. России не все равно, что происходит в ее бывших сателлитах. Она использует любую возможность, чтобы сеять хаос, нестабильность, недовольство, междоусобицу в этих странах. И этот памятник еще одно средство.

https://www.youtube.com/watch?v=FMbhgvrQLww

ЗАДАНИЕ 5. Прочитайте и прослушайте краткую биографию Павлика Морозова. Отметьте верные утверждения.

☐ *Павлик Морозов – неоднозначная историческая личность.*

☐ *Павлик Морозов активно поддерживал раскулачивание.*

☐ *Павлик Морозов подал в суд на своего отца, который помогал кулакам.*

☐ *Отец Павлика был приговорён к смертной казни.*

☐ *По версии следствия, Павлик Морозов был убит двоюродным братом Данилой.*

☐ *Власть СССР сделала из Павлика Морозова народного героя.*

Павлик Морозов — человек, имя которого со временем стало нарицательным. Как минимум дважды он становился жертвой политической пропаганды, пройдя посмертно путь от пионера-героя, отдавшего жизнь в классовой борьбе, до предателя, «заложившего» отца. В послевоенные годы о личности Павлика ходили легенды, однако о том, как все было на самом деле, достоверной информации нет до сих пор.

Будущий пионер-герой родился на Урале в 1918 году. Отец Павлика оставил семью практически сразу после его рождения, поэтому отношений они почти не поддерживали. Морозов-младший учился и трудился, чтобы прокормить мать и младших братьев. Кроме

того, считается, что именно он организовал первый пионерский отряд в деревне Герасимовка Тобольской губернии.

Согласно официальной версии, в сентябре 1932 году, в разгар борьбы с кулачеством, 12-летний Павел подвел под суд своего отца — Трофима Морозова, который занимал тогда должность председателя сельсовета и за солидную плату подделывал справки кулакам о том, что их якобы раскулачили.

Он также помогал им уходить от налогообложения, и прятал хлеб, подлежащий сдаче государству. «Я прошу привлечь моего отца к суровой ответственности, чтобы другим не дать повадку защищать кулаков», — заявил подросток на суде, совершив, по характеристике газет того времени, «беспощадный обвинительный акт юного защитника социализма по адресу тех, кто стоял на стороне остервенелых врагов пролетарской революции».

Именно об этом и доложил принципиальный пионер. «Морозов Павел, являясь пионером на протяжении текущего года, вел преданную, активную борьбу с классовым врагом, кулачеством и их подкулачниками, выступал на общественных собраниях, разоблачал кулацкие проделки и об этом неоднократно заявлял», — отмечалось в обвинительном заключении убийцам мальчика.

В итоге на основании показаний сына Морозов-старший был осужден на 10 лет. Однако на этом пионер не остановился: далее он сообщил о хлебе, скрытом у соседа, а также обвинил мужа своей тетки в краже государственного зерна и заявил, что часть этого зерна находится у его родного деда, 80-летнего Сергея Морозова.

«Второго сентября я уехала в Тавду, а 3-го Павел и Федор пошли в лес за ягодами, — вспоминала во время следствия мать убитых мальчиков, — Вернулась я 5-го и узнала, что Паша и Федя из лесу не вернулись. Я стала беспокоиться и обратилась к милиционеру, который собрал народ, и люди пошли в лес искать моих детей. Вскоре их нашли зарезанными. Мой средний сын Алексей, ему 11 лет, рассказал, что 3 сентября он видел, как Данила очень быстро шел из леса, и за ним бежала наша собака. Алексей спросил, не видел ли он Павла и Федора, на что Данила ничего не ответил и только засмеялся».

По делу об убийстве Павлика Морозова были осуждены четыре человека — родные дед и бабушка погибших мальчиков, а также двоюродный брат Данила и крестный Арсений Кулуканов, приходившийся ему дядей. К убийцам следствие привел окровавленный нож, найденный в доме дедушки Морозова за иконами.

Данила Морозов был признан непосредственным исполнителем убийства и казнен как враг советской власти.

Власть вплоть до развала СССР продолжала пропагандировать историю Павлика Морозова как мальчика, совершившего подвиг во благо народа; пионера, внесшего весомый вклад в построение коммунизма и поплатившегося за это жизнью. Из ребенка сделали народного героя, при этом скрыв некоторые обстоятельства его жизни, которые приводят к следующей, «перестроечной» версии поступка Морозова.

https://www.gazeta.ru/social/2018/11/13/12057637.shtml

ЗАДАНИЕ 6. Прочитайте и прослушайте краткую биографию Феликса Дзержинского. Отметьте верные утверждения.

☐ Феликс Дзержинский – противник революции.

☐ Отец Феликса преподавал математику и физику в мужской и женской гимназиях в Таганроге.

☐ У Феликс был единственным ребёнком в семье.

☐ Феликс был одним из вдохновителей высылки в 1922 году за рубеж многих известных деятелей науки и культуры.

☐ Феликс в общей сложности провел 11 лет в тюрьмах и на каторге.

Феликс Дзержинский - советский государственный и партийный деятель, активный участник Октябрьской революции. Феликс Эдмундович Дзержинский родился 11 сентября 1877 года в имении Дзержиново (ныне Белоруссия) в мелкопоместной дворянской семье. Род Дзержинских вел свое происхождение из литвинских шляхтичей. Дед Феликса по матери, Игнатий Янушевский, был профессором Петербургского института инженеров путей сообщения. Отец окончил Санкт-Петербургский университет, преподавал математику и физику в мужской и женской гимназиях в Таганроге. В 1875 году Эдмунд Дзержинский возвратился с семьей в родное поместье в связи с обнаружившимся у него туберкулезом, от которого он скончался в 1882 году. Феликс был шестым из восьми детей в семье.

В 1894 году, будучи гимназистом Виленской гимназии, Дзержинский вошел в социал-демократический кружок, в 1895 году вступил в партию "Социал-демократия Королевства Польского и Литвы" (СДКП и Л), вел кружки ремесленных и фабричных учеников (получил от них имя "Яцек"), изучал марксизм.

В 1896 году ушел из последнего класса гимназии, чтобы посвятить себя партийной работе.

В 1897 году Дзержинский вел революционную работу в Ковно (ныне Каунас, Литва), выпускал на польском языке нелегальную газету "Ковенский рабочий". В июле 1897 года он был арестован и в августе 1898 года сослан на три года в Вятскую губернию, откуда через год бежал. В Варшаве участвовал в восстановлении разгромленной полицией социал-демократической организации. В январе 1900 года арестован и в январе 1902 года сослан на пять лет в Вилюйск, но в связи с болезнью был оставлен в Верхоленске. В июне 1902 года он бежал, вернулся в Варшаву.

В июле 1903 года в Берлине на 4-м съезде Социал-демократии Королевства Польского и Литвы был избран членом Главного правления. Активно участвовал в первой русской революции 1905-1907 годов, в 1905 году возглавлял первомайскую демонстрацию в Варшаве, работал в Варшавской военно-революционной организации РСДРП.

В июле 1905 года на Варшавской партийной конференции Дзержинский был арестован и заключен в Варшавскую цитадель, в октябре освобожден по амнистии.

В 1906 году он был делегатом 4-го съезда РСДРП, на котором впервые встретился с Владимиром Лениным и был введен в состав ЦК РСДРП как представитель СДКП и Л.

В 1906-1917 годах Дзержинский неоднократно арестовывался, в общей сложности провел 11 лет в тюрьмах и на каторге, заболев туберкулезом. Был три раза в ссылке.

Февральской революцией 1917 года он был освобожден и вошел в состав Московского комитета РСДРП(б).

Летом 1917 года Дзержинский, находясь на лечении, заочно был избран во ВЦИК.

Во время Октябрьской революции 1917 года Дзержинский был членом Военно-революционного партийного центра и Петроградского военно-революционного комитета.

Под его руководством 7 ноября (25 октября по старому стилю) были заняты Главный почтамт и телеграф. Участвовал в разгроме Петра Краснова, затем руководил отрядами красногвардейцев, охранявшими Смольный.

Член президиума ВЦИК. С декабря 1917 года по февраль 1922 года был председателем Всероссийской чрезвычайной комиссии по борьбе с контрреволюцией и саботажем (ВЧК), ГПУ и ОГПУ. Один из организаторов "красного террора". За твердость характера, доходящую до жестокости, его называли "железный Феликс".

Во время советско-польской войны 1920 года Дзержинский был членом Временного революционного комитета (ВРК) Польши в Белостоке.

В апреле 1921 года назначен наркомом путей сообщения, одновременно занимал посты председателя ВЧК и наркома внутренних дел.

С 1921 года Дзержинский был председателем Комиссии по улучшению жизни детей при ВЦИК.

С 1920 года поддерживал Иосифа Сталина в его борьбе с Львом Троцким за власть. После лишения ГПУ права выносить смертные приговоры в 1922 году добился создания при НКВД Особого совещания, где он являлся председателем, с правом ссылать "контрреволюционеров". Был одним из вдохновителей высылки в 1922 году за рубеж многих известных деятелей науки и культуры.

В 1922 году Дзержинский возглавил Высший совет народного хозяйства — ВСНХ СССР. С 1924 года — член Оргбюро и кандидат в члены Политбюро ЦК РКП(б).

20 июля 1926 года Феликс Дзержинский скончался в Москве от сердечного приступа во время заседания Объединенного пленума ЦК и ЦКК ВКП(б), после речи, в которой выступил против троцкистов и отхода от политики тогдашнего партийного большинства. Похоронен в Москве на Красной площади.

Дзержинский был награжден орденом Красного Знамени (1920).

Его именем названы города в Московской и Нижегородской областях.

Среди многочисленных памятников Феликсу Дзержинскому наиболее известен памятник, установленный в 1958 году в Москве на Лубянской площади. В августе 1991 года памятник был свергнут с постамента и позднее помещен в парк искусств "Музеон".

В Белоруссии в деревне, где родился Феликс Дзержинский, открыт мемориальный комплекс "Дзержиново".

Феликс Дзержинский был женат на Софье Мушкат (1882-1968), участнице революционного движения в Польше и России. В Советской России она работала в Наркомпросе, в Польском бюро при ЦК РКП(б). Была научным сотрудником и ответственным редактором в институте Маркса — Энгельса — Ленина, работала в аппарате Исполкома Коминтерна.

Их сын Ян родился в 1911 году в Варшавской женской тюрьме во время заключения матери. Окончил военно-инженерную академию, с 1943 года работал в аппарате ЦК ВКП(б). До 1953 года жил с женой и сыновьями в Кремле, затем в "Доме на набережной". Скончался в 1960 году в Москве.

https://ria.ru/20171208/1491770338.html

ЗАДАНИЕ 7. Посмотрите видео. Как изменилось отношение к советскому наследию с началом 2000-х? Как Вы думаете, почему?

Соедините слова из текста.

1. пострадать от рук	a. культурного наследия
2. историческая	b. из пепла
3. сохранение	c. память
4. в рекордные	d. предки
5. восстанавливать буквально	e. города
6. героические	f. мародёров
7. защитники	g. сроки

1. **мародёр** - plunderer
2. **должный уход** - proper care
3. **избавиться** - get rid of
4. **фальсифицировать** - falsify
5. **дело государственной важности** - matter of national importance
6. **восстановление** - recovery
7. **облагораживание** - improvement
8. **пепел** - ash
9. **пилон** - pylon
10. **барельеф** - bas-relief

В 90-е годы существование многих памятников оказалось под угрозой. Часть из них пострадала от рук мародеров, другие же начали разрушаться из-за отсутствия должного ухода. Особенно сильно пострадало наследие советского прошлого, от которого многие хотели избавиться. Так, в Москве исчезли памятники Павлику Морозову, Феликсу Дзержинскому, Якову Свердлову, Михаилу Калинину и многие другие. Однако с началом 2000-х отношение к исторической памяти страны изменилось. Страны Запада начали предпринимать попытки фальсифицировать историю России и Второй мировой войны. И сохранение культурного наследия стало делом государственной важности. В рамках федерального проекта Историческая память началась работа по восстановлению культурного наследия. На сегодняшний день в России более 147 000 памятников федерального, регионального и местного значения. И ежегодно проводятся мероприятия по их реставрации и облагораживанию. А с прошлого года такие мероприятия проходят и на территории новых регионов страны. Так, прошлым летом в ДНР в рекордные сроки был восстановлен мемориальный комплекс Саур-Могила. Этот курган стал местом жесточайших боев не только в 1943-м, но и в 2014 году. Тогда весь комплекс был разрушен, архитекторам пришлось восстанавливать его буквально из пепла. По архивным фотографиям воссоздали скульптуру солдата.

Помимо исторических пилонов с событиями Великой Отечественной появились также три барельефа с героями-ополченцами Донбасса. Теперь у жителей Донбасса снова есть возможность посетить это святое для них место. А у местных школьников - узнать больше о своих героических предках. А в 2023 году в новых регионах страны откроются еще 13 памятников и мемориалов. Работы уже ведутся на нескольких объектах в ДНР и ЛНР, Херсонской и Запорожской областях. Так, в Мариуполе восстанавливают разрушенный памятник прославленному живописцу Архипа Куинджи. А рядом с ним создадут парк с демонстрацией лучших картин живописца. Также работы идут на мемориале Шахта №4/4 бис в Донецке. Во времена Великой Отечественной там было погребено до 75 000 мирных жителей. А в Луганске восстанавливают мемориал «Острая могила» - символ героизма защитников города. В свою очередь, в Мелитополе уже приступили к реконструкции центральной площади Победы. А в Херсонской области идет работа над созданием памятника Петру Кузьмичу Козлову. Этот человек после революции возглавлял заповедник Аскания-Нова и спас его от разрушения и разграбления. Хороших вам новостей.

https://www.youtube.com/watch?v=Dxpu3d5tsFg

ЗАДАНИЕ 8. Прочитайте и послушайте Дмитрия Дризе. Ответьте на вопросы.

«НАРОДУ И ТАК НЕПРОСТО»

Дмитрий Дризе — об открытии очередного памятника Иосифу Сталину.

Произошло то, чего так долго ждали. Может быть, конечно, и не все, но, наверное, многие, судя по опросам. Наконец-то в современной России воздвигнут памятник товарищу Сталину в полный рост высотой аж восемь метров. Скульптура установлена в городе Великие Луки. Правда, не на центральной площади, а на территории завода «Микрон».

Проект создан скульптором Михаилом Красильниковым еще четыре года назад. Вождя много где хотели установить — и в Волгограде, и в Воронеже — но вот беда- местные власти не давали соответствующего разрешения. Ответ был примерно такой: спасибо, не надо. И вот, наконец-то, решение согласовали, бумаги подписали, монумент открыли в торжественной обстановке. Нельзя сказать, что при большом скоплении народа, но, как бы то ни было, активисты не собираются останавливаться на достигнутом.

Есть планы, например, установить скульптуру в селе Туруханск, что в Красноярском крае. Как поется в известной старшему поколению песне: «где при царе бывали в ссылке вы». Да, революционер Иосиф Джугашвили в начале XX века был туда сослан реакционным царским режимом. А, может быть, и не реакционным — нынче и Николаю II памятники устанавливают. Все как-то смешалось в этом мире.

Вот как отнестись к этой новости? Не секрет, что образ Сталина на протяжении большого количества времени разными способами многие всячески пытаются вернуть в общественное сознание россиян. Иной скажет, что на самом деле он давно уже здесь, но не все это понимают. Или делают вид, что не понимают. Или понимают, но предпочитают свое мнение не афишировать.

Однако, если говорить о памятниках, то сегодня «отец народов» остается как бы на задворках. Конечно, его торжественное возвращение на центральные площади также не видится большой сенсацией. Но пока все-таки этого не происходит. Местные власти, как к ним не относиться, склонны понимать и прислушиваться к настроениям населения. Судя по всему, электорат не очень в восторге от возвращения на улицы российских городов вот таких вот скульптур. И дело даже не в политике. Народу и так непросто — мало ли, что он подумает, испытает стресс.

1. **скопление народа** - crowd of people
2. **ссылка** - banishment
3. **всё смешалось** - everything is mixed up
4. **общественное сознание** - public consciousness
5. **афишировать** - advertise
6. **на задворках** - on the outskirts
7. **электорат** - electorate
8. **церемониться** - beat around the bush, stand on ceremony
9. **намёк** - hint
10. **истолковать** - interpret
11. **генсек** - Secretary General
12. **наступление** - offensive
13. **переферийные позиции** - peripheral positions
14. **стесняться** - to be shy

И чиновника тоже можно понять. Есть такое популярное мнение что, мол, не церемонился с ними товарищ Сталин. И опыт этот неплохо было бы использовать и сейчас. С другой стороны, при всем уважении к заводу «Микрон» и его сотрудникам, насколько комфортно Иосифу Виссарионовичу там приходится? Явно не того масштаба фигура, чтобы по заводам прятаться. Равно как и возвращаться в Туруханский край.

В этом есть, знаете ли, определенный намек, который при желании может быть неверно истолкован. Что же получается, опять его в ссылку отправляют? И снова в Сибирь. По факту получается, что не находит товарищ Сталин своего места в современной России. Но это не значит, что он его в итоге не найдет. Может так показаться, что железный генсек постепенно развивает наступление, так сказать, с периферийных позиций. И вот уже в полный рост стоит, не стесняясь.

https://www.kommersant.ru/doc/6161535

🐾 Как Вы думаете, как журналист относится к Сталину?

🐾 Считает ли журналист правильным установку памятника?

Что журналист имеет в виду, говоря: «Не секрет, что образ Сталина на протяжении большого количества времени разными способами многие всячески пытаются вернуть в общественное сознание россиян. Иной скажет, что на самом деле он давно уже здесь, но не все это понимают. Или делают вид, что не понимают. Или понимают, но предпочитают свое мнение не афишировать»?

Приведите примеры метафор из текста.

FUNCTION WORDS

подчас – редко, бывало иногда, порой

Примеры.

* Толерантность, которую так энергично отстаивают власти в Америке, **подчас** вносит в общество еще больший раскол.
* «Братья Карамазовы», «Идиот», знакомое всем нам со школы «Преступление и наказание» - в центре каждого романа — человек, **подчас** беззащитный и растерянный, ищущий свое место в мире.
* Мировые политические круги обсуждают новые, **подчас** неожиданные назначения в британском кабинете министров.

ЗАДАНИЕ 1. Ознакомьтесь с новыми словами на следующей странице. Дополните предложения словами и выражениями из списка.

| под воздействием | изъято | РЖД | валового внутреннего продукта |
| танкере | динамикой | резкого сокращения | государственного долга |

1. Министры выразили удовлетворение позитивной .... сотрудничества и подчеркнули важность укрепления тесной координации на международной арене.

2. Россия, несмотря на санкции, стала первой экономикой Европы и второй год кряду пятой в мире по объему ...., рассчитанному исходя из паритета покупательной способности.

3. На этой неделе климатическая осень наступит практически одновременно с календарной; 2 сентября .... арктического атмосферного фронта зарядят дожди, задует промозглый северный ветер.

4. Транспортная доступность наших новых регионов — вопрос, который сегодня Владимир Путин обсуждал с главой Минтранса Виталием Савельевым и генеральным директором .... Олегом Белозеровым.

5. Америка — на пороге катастрофического кризиса в экономике, в США Белый дом призывает Конгресс повысить потолок ....

6. В Аденском заливе спустя 18 часов был наконец потушен пожар на британском .... с нефтью, который чуть не утонул после ракетного удара со стороны хуситов.

7. В Москве задержаны с поличным контрабандисты, которые пытались через Россию переправить в Европу крупную партию кокаина: как сообщили в ФСБ, ... 673 килограмма кокаина.

1. **замедляться** - slow down
2. **динамика** - dynamics
3. **дефицит** - deficit
4. **оборонная промышленность** - defense industry
5. **спад** - recession
6. **отрасль** - industry
7. **ВВП** - GDP
8. **устойчивый** - stable
9. **предельная загрузка мощностей** - maximum capacity utilization
10. **потенциал** - potential
11. **пессимистические оценки** - pessimistic estimates
12. **показатель** - index
13. **РАН** (Российская академия наук) - RAS (Russian Academy of Sciences)
14. **гражданская сфера производства** - civil production
15. **станок** - machine
16. **нефтегазовые доходы** - oil and gas revenues
17. **танкер** - tanker
18. **под воздействием** - under influence
19. **сокращение** - reduction
20. **госкомпания** - state company
21. **РЖД** - Russian Railways
22. **резкое сокращение** - sharp reduction
23. **рабочая сила** - work force
24. **технологический прогресс** - technological progress
25. **топтаться на месте** - tread water, go around in a circle
26. **государственный долг** - state debt
27. **ущемить** - infringe
28. **изъять** - seize

8. Волну критики вызвала программа Трасс по борьбе с кризисом за счет .... налогов, таким образом она пытается исправить бедственную ситуацию в экономике.

ЗАДАНИЕ 2. Послушайте аудио и заполните пропуски.

дефицит   прогноз   отраслях   спад

рынка	спад	процентных	ВВП
оборонной	технологического	санкций	устойчивый
недофинансированном	домохозяйства	валютный	ресурсов

ЭКОНОМИКЕ ОЧЕРЧИВАЮТ ПЕРСПЕКТИВЫ

Какой прогноз по ВВП России представили в АКРА

Рост экономики России в следующем году замедлится более чем вдвое, такой .... сделало Аналитическое кредитное рейтинговое агентство. .... страны по итогам 2023-го может увеличиться на 3%, а в 2024-м — только на 1%. В числе причин такой динамики аналитики назвали .... потребления и предельную загрузку мощностей, а также .... кадров. Кроме того, многие секторы, которые обеспечивали восстановление экономики, уже растут выше своего потенциала и исторического тренда.

Прогноз АКРА пессимистичнее оценок Минэкономразвития, которое в следующем году ожидает роста на 2,3%. Центробанк же, в свою очередь, оценивал показатель в диапазоне от 0,5% до 1,5%.

При этом выводы АКРА вполне обоснованы, считает ведущий научный сотрудник Института мировой экономики и международных отношений РАН и профессор Высшей школы экономики Алексей Портанский: «В 2023 году наблюдался .... рост в .... промышленности, а вот в том, что касается гражданской сферы производства, картина была хуже.

Промышленность в целом в июле-сентябре показывала спад производства. Даже робкий рост в целом на 1% не воодушевляет, поскольку в .... по обеспечению электроэнергией, газом и паром показатели в сентябре уменьшились на 3%. Кроме того, для многих отраслей наступают сроки замены парка станков, что тоже будет серьезной проблемой.

Между тем страны Запада ищут новые способы усилить контроль за нефтегазовыми доходами России, в частности, собираются ввести запрет на продажи танкеров. Ряд иностранных компаний под воздействием .... уйдут с этого ...., возможности для перевозки нефти сократятся, произойдет рост .... ставок.

Крупнейшие госкомпании, такие как РЖД, АвтоВАЗ, "Аэрофлот", "Роскосмос", будут испытывать проблемы. Кроме того, российские регионы к концу 2023 года столкнулись с резким сокращением финансовой помощи из федерального бюджета».

Есть и другие факторы, которые могут негативно сказаться на российской экономике, заметил кандидат экономических наук, доцент Финансового университета Олег Комолов: «Большинство экспертов прогнозировали экономический .... в связи с санкциями и началом СВО. Тем не менее мы видим некоторый рост даже в реальном выражении.

Но надо понимать, что он обеспечен напряжением последних свободных ...., и сейчас достигнут потолок экономического роста, нет рабочей силы, недостаточно капитала.

Все эксперты говорят о необходимости .... рывка, когда теми же ресурсами можно было бы производить больше.

Если достаточные инвестиции не будут осуществлены в технологический прогресс, мы будем топтаться на месте, никакого экономического роста в долгосрочной перспективе не будет. Мы уткнемся в стагнацию и простой производства.

Для расширенного воспроизводства нужны технологии. Вопрос — откуда взять деньги? Единственный источник, который сейчас можно представить, это дополнительный налог на доходы сверхбогатых россиян. Государственный долг растет, повышать в таких условиях налоги на .... неразумно. Но готово ли государство ущемить собственников капитала, изъять дополнительные деньги на науку, образование, медицину? Именно эти секторы сейчас находятся в .... состоянии».

Международный .... фонд в октябре улучшил прогноз роста экономики России по итогам 2023-го. Он ожидает, что ВВП страны увеличится на 2,2%, в июльском обзоре речь шла о 1,5%.

https://www.kommersant.ru/doc/6365487

ЗАДАНИЕ 3. Прочитайте определения. Посмотрите интервью с Натальей Зубаревич. Найдите в тексте слова и выражения, соответствующие определениям в таблице.

1. концентрация, скопление	
2. получает результаты, собирает урожай	
3. специалист по демографии, демографический аналитик, эксперт по населению	
4. преграда, препятствие	
5. легкая нажива, легкие деньги	
6. в то же время	
7. оборот товаров	
8. плюсы, привилегии, выгоды, бонусы	
9. доход, выручка	
10. опутывающие конечности	
11. увеличение	
12. несравним, непропорционален	
13. неоднородно, неодинаково	

- Итак, как договаривались, друзья, ровно через неделю, ровно на том же месте с Натальей Васильевой Зубаревич вновь, доктором географических наук, на всякий случай, напомню, профессором географического факультета МГУ, директором региональной программы Независимого института социальной политики и экспертом Программы развития ООН. Первую программу мы посвящали нашу беседу вообще пониманию деления на регионы страны, а сегодня поговорим об одном регионе, но главном. В прошлый раз вы назвали его еще и жирующим. Москва с точки зрения региона.

- Москва **одновременно** субъект Российской Федерации, обладающий всеми правами субъектов и одновременно место размещения центральных органов власти Российской Федерации. То есть у нее есть два типа преимуществ. Этот город самый крупный в стране, это крупнейшая **агломерация**, и у нее автоматически работают все те агломерационные преимущества, которые, естественно, связаны с размером, с масштабом концентрации рабочих рук, с масштабом концентрации активности и бизнеса. Это нормально, это трудовая заслуга, потому что агломерацию сделали, она **пожинает плоды**.

Второй момент - это статус, статус столицы. Вы скажете: «Ну мало ли столиц, Канберры маленькие, я не знаю, еще кто-то. Это статус столицы сверх централизованного государства. Вот это надо очень четко понимать. И это означает, что в этом городе стянуто гигантское количество управленческих функций. Вертикаль вся здесь. А самое главное — второе - в этом городе стянуты подавляющее большинство штаб-квартир крупнейших российских корпораций. А поскольку в бизнесе та же самая сверхконцентрация, как и во власти, то, соответственно, наибольшая часть налогов этого бизнеса, в частности налога на **прибыль**, платятся по г. Москва. Вот в чем принципиальная особенность: бизнес, зарабатывая на территории страны, стягивают ресурсы в город, являющийся центром, и налоги платят по Москве.

Поэтому московский бюджет, московские возможности **несопоставим**ы с субъектами Федерации. То есть, есть заработанное, вот то, что эта агломерация мощная, с хорошим развитием сектора услуг. И есть вот эти рентные, это чистая рентные доходы, которые любую власть, на мой взгляд, развращают. Потому что не заработанная рента, она не заработанная. Страна заработала. Это **халява**, которая попадает к вам в бюджет. Теперь про Москву. Вот смотрите, Москва это семь, по новым оценкам, 8% российского населения всего лишь. Я пока не беру область, хотя это единое целое 12% с областью, да? И одновременно...

- В абсолютных цифрах.

- 11,5 и 7, значит...

- Это центр или

- Это вся Москва и Московская область. Москву назвали 11,5. Но вообще **демограф**ы в эту цифру не очень верят, считают, что пересчет был не меньше 11. Ну, потому что людей в области нет. Область семь, Москва официально 11,5. 18,5 миллионов человек.

- А население страны?

- 142- 143 по новой переписи.

- 7-8 если говорить о Москве, если агломерация...

- 12-13. Так? Смотрите, одновременно это 23% российского валового регионального продукта суммарно. То есть каждый почти четвертый рубль, это 20% до кризиса всех доходов бюджета субъектов Федерации, всех.

- 20%?

- Да, это больше 40% внешнеторгового оборота страны. Оно проходит через Москву, прописано просто. Это 20, если брать с Московской областью, то больше 21% ввода жилья. Ну, сейчас ввод, как вы знаете, из Москвы в основном перешел на область, потому что в Москве площадок нет. Это почти каждый пятый рубль инвестиций. Вот, что такое Москва. Это огромное совершенно экономическое тело на фоне довольно-таки слаборазвитой страны. Поэтому отношения Москвы с другими субъектами федерации всегда отношения большего с меньшими. Есть в этих отношениях абсолютно рациональные вещи, которые идут автоматически. Это **расширение** агломерации. Когда-то была только Москва, потом импульс роста перешагнул через МКАД и начал развиваться. Сначала ближняя часть Подмосковья, все свидетели этому, потом это стало уходить **неравномерно** на периферию. А вот как осьминожка развивается, по всем элитным магистралям начинает расширяться экономическая активность, создаваться предприятия, логистические центры, еще что-то, появляются новые рабочие места.

Где-то с середины 2000 х, 2006-2007 заработная плата в среднем в Московской области сравнялась с Санкт-Петербургом. Область начала тянуться, и мы уже замеряли выходы агломерации в сопредельные регионы. Вот все эти..., та же Калуга - это эффект. Смотрите, ведь она же не появилась в 90-е. Она появилась, начиная с 2007-го, когда **щупальца** агломерации дошли до этих территорий. Срослось.

- Учитывая, что щупальца дотянулись, дотянулись.

- Поэтому Москва, конечно, мощнейший драйвер роста соседних территорий Дальше. Но у Москвы есть чудовищный дефект. В принципе, страна развивается нормально. Если **преимущества** скапливаются в крупнейшем центре, потом начинают иерархически, в виде инноваций передаваться на низшие центры. Беда современной России в том, что все, что собирается в Москве, достаточно медленно перемещается в виде инноваций в центры низшей иерархии. Миллионники, полумиллионники и ниже. Что перемещается хорошо? И это мы фиксируем просто в цифре. Очень мощно сдвинулся вниз рост, **товарооборот** торговли и новые форматы торговли, сети всевозможные, они пошли в регионы со второй половины 2000-х просто как на фронт, могучими колоннами, работает. Сдвинулся и рост жилищного строительства более современных форматов. А инвестиций нет. Инвестиции, как гипер были сконцентрированы в Москве, так их стало чуть меньше, но то, что ушло, ушло на

Сахалин, ушло в Ханты, Манси, Ямало-Ненецкий. Кто помнит школьную эконом географию, скажут — «так это же основные нефтегазодобывающие регионы». Города - миллионники, следующие в иерархии, не имеют соответствующего импульса роста, чтобы двигаться за Москвой. Вот в чем проблема.

- Я не понимаю. Идут потребительские...

- Только простейший потребительские инстинкты пробивают дичайший **барьер**.

- Нет финансового роста.

- Там нет роста инвестиций, большого притока, потому что все эти города, в отличие от Москвы, муниципалитеты, когда город муниципалитет, у него и финансовых ресурсов много меньше, и полномочий много меньше. Над ним стоит губернатор, который говорит «делиться надо». И в России мы имеем удивительную вещь - институционально, за счет статуса столицы, сверх централизации, простите меня, вертикали власти, мы имеем гиперконцентрацию всех и всяческих преимуществ в Москве. И одновременно институционально же, потому что муниципалитеты у нас никто, мы имеем недостаточные эффекты концентрации агломерационных преимуществ даже в городах-миллионниках.

ЗАДАНИЕ 4. Посмотрите интервью с Натальей Зубаревич второй раз. Отметьте верные утверждения.

☐ *Наталья Зубаревич считает, что у Москвы есть два типа преимуществ.*

☐ *В Москве стянуто гигантское количество управленческих функций.*

☐ *Расширение агломерации было связано с иерархическим расширением экономической деятельности Москвы.*

☐ *Наталья Зубаревич считает, что власти РФ равномерно распределяют инвестиции по всем регионам страны.*

☐ *Наталья Зубаревич считает, что инвестиции главным образом уходят в нефтегазодобывающие регионы страны.*

☐ *Говоря о халяве, Наталья Зубаревич имеет в виду финансовые средства, которые Москва получает после продажи нефти и газа.*

☐ *В целом Наталья Зубаревич описывает политическую и экономическую систему России как строго иерархическую.*

☐ *Пятая часть российского валового регионального продукта приходится на Москву и Московскую область.*

ЗАДАНИЕ 5. Посмотрите видео. Соедините слова из текста. Расскажите об основных видах промышленности в России.

1.	природно-ресурсный	a.	удобрения
2.	железная	b.	вода
3.	пресная	c.	электростанции
4.	атомные	d.	нефти
5.	фосфатные	e.	потенциал
6.	основные месторождения	f.	автомобили
7.	легковые и грузовые	g.	руда

ГЕОГРАФИЯ ПРОМЫШЛЕННОСТИ РОССИИ.

На занятии вам предстоит узнать географию промышленности России, природно-ресурсный потенциал, добывающая промышленность страны, обрабатывающая промышленность, ведущие отрасли обрабатывающей промышленности и их география, география, производство электроэнергии.

***

Совокупность всех видов природных ресурсов определенной территории, прошедших экономическую оценку, называются природно-ресурсным потенциалом. Для России как страны, занимающей огромную территорию и расположенной в разных географических поясах, характерно наличие разнообразных природных ресурсов. Россия является одним из мировых лидеров по запасам пресной воды, лесных ресурсов и по площади пашни. Страна располагает огромными запасами топливно-энергетических ресурсов. По запасам природного газа она безусловный мировой лидер.

Удельный вес России в запасах природного газа составляет 45%. Велики запасы нефти, каменного и бурого угля. Удельный вес страны в запасах нефти составляет 14%. Но топливные ресурсы неблагоприятно размещены по отношению к их потребителям. Главное потребители находятся в европейской части России, а более 80% ресурсов приходится на Сибирь и Дальний Восток. Крупнейшими нефтегазоносными провинциями являются Западно-Сибирская, Волго-Уральская и Тимано-Печерская. Россия наряду с Саудовской Аравией и США являются крупнейшими производителями нефти в мире.

Основные месторождения нефти и центры добычи находятся в Западной Сибири. Крупнейшие месторождения Уренгойское, Ямбургское и Медвежье. По объемам добычи природного газа Россия делит первое место с США. Основные угольные бассейны находятся в Сибири и на Дальнем Востоке. Ведущую роль в добыче угля играют Кузнецкий, Канско-Ачинский и Печорский бассейны.

По разведанным запасам железной руды Россия занимает первое место в мире. Более 60% всех разведанных запасов железных руд сосредоточено в европейской части России. Крупнейшим месторождением является Курская магнитная аномалия.

По добыче железной руды Россия занимает пятое место в мире. Сырье для алюминиевой промышленности добывается на Урале, в Ленинградской области, на Кольском полуострове и в Сибири. На Кольском полуострове и Урале ведется добыча медных руд, в Норильске- никелевых, на Дальнем Востоке- оловянных.

Россия относится к мировым лидерам по запасам и добыче золота.

***

Большинство предприятий, производящих фосфатные удобрения, используют апатиты Кольского полуострова. Производство калийных удобрений сосредоточено на Урале. Города Соликамск и Березники базируются на калийных соляных Верхних Камского месторождения.

Богатством страны являются лесные ресурсы. Основные районы лесозаготовок находятся в Сибири, на Дальнем Востоке, на Урале и в европейской части страны.

Удельный вес обрабатывающей промышленности в структуре промышленного производства России составляет 65%. Ведущую роль играет топливная промышленность, машиностроение, пищевая промышленность, металлургическое производство, а также химическая промышленность. Черная и цветная металлургия обеспечивают 15% объема промышленного производства. Черная металлургия развивается преимущественно на собственных сырьевых ресурсах. Основное производство чугуна, стали, проката сосредоточено на предприятиях трех главных металлургических баз России: Уральской, Центральной и Сибирской. Предприятия, работающие на металлоломе, размещаются в крупных центрах машиностроения: Волгоград, Москва, Нижний Новгород.

Цветная металлургия включает множество разнообразных производств. Страна занимает второе место в мире по производству алюминия. Большая часть алюминиевых заводов приурочена к ГЭС: Волгоград, Братск, Красноярск. Крупнейшие предприятия по производству меди находятся на Урале, на Кольском полуострове и в Восточной Сибири. На базе местного сырья в Норильске, Орске, Мончегорске развивается никелевая промышленность. Россия занимает первое место в мире по выплавке никеля. Свинцово-цинковое производство приурочено к районам добычи полиметаллических руд: Северный Кавказ, Кузбасс, Забайкалье, Приморье. Главный центр оловянной промышленности - Новосибирск.

Машиностроение занимает второе место в структуре обрабатывающей промышленности- около 20%. Предприятия автомобильной отрасли выпускают легковые и грузовые автомобили, автобусы и троллейбусы.

Производство легковых автомобилей ведется в Поволжье, а также в Москве. Грузовые автомобили КамАЗ выпускаются в Набережных Челнах. Железнодорожный подвижный состав производят в Брянске, Санкт-Петербурге, Твери. В Мытищах, под Москвой выпускают вагоны для метрополитена.

Судостроение и судоремонт концентрируются в крупных морских и речных портах. Авиастроительная отрасль, выпускающая гражданские и военные самолеты, сосредоточена в крупных промышленных центрах: Самара, Казань, Воронеж, Ульяновск. Крупнейшими центрами по производству сельскохозяйственной техники являются Ростов-на-Дону, Брянск, Волгоград, Челябинск. Станкостроение и производство энергетического оборудования получило развитие в Санкт-Петербурге, Новосибирске, а горно-шахтного оборудования- в Кемерово и Красноярске.

Удельный вес химических производств в структуре обрабатывающей промышленности не превышает 10%. Значительных масштабов достигло производство всех видов минеральных удобрений. Предприятия органической химии работают на базе углеводородного сырья, а также переработки древесины. Предприятия по выпуску пластмасс размещаются в Поволжье, на Урале и в Центральном районе. Синтетический каучук и резино-технические изделия производят на предприятиях Омска, Саранска, Ярославля, Красноярска. На выпуске химических волокон специализируются заводы в Твери, Барнауле, Красноярске.

***

Пищевая промышленность по стоимости продукции занимает третье место среди всех отраслей обрабатывающей промышленности России, 19%. Основными отраслями является мясо- молочная, мукомольных крупная и рыбная. Наибольшее развитие пищевая промышленность получила в районах высокой концентрации населения и крупного сельскохозяйственного производства. В России более 70% всех лесоматериалов потребляется в европейской части, а основные запасы находятся в Сибири и на Дальнем Востоке. Крупные лесопильный производства, предприятия по механической обработки древесины расположены в местах подхода железных дорог к лесо-сплавным путям и в устья крупных рек, а также вдоль железнодорожных путей. Предприятия целлюлозно-бумажной промышленности расположены на севере Европейской части, на Урале и в Поволжье. Мощные комбинаты созданы в Сибири. Предприятия целлюлозно-бумажной промышленности ориентируются на лесные ресурсы вблизи крупных водных источников.

По производству электроэнергии Россия занимает четвертое место в мире после Китая, США и Индии. Основную роль в ее производстве играют тепловые электростанции. Крупнейшие ТЭС, расположенны как в азиатской, так и в европейской части страны. Гидроэлектростанции сооружены на крупных реках. Наиболее значительными являются Ангаро-Енисейский и Волжско-Камский каскады ГЭС. Крупнейшими гидроэлектростанциями являются Саяно-Шушенская, Красноярская и Братская. На 10 действующих атомных электростанциях также производится 15% электроэнергии страны.

Самыми мощными АЭС являются Ленинградская, Курская, Балаковская. Все крупные атомные электростанции расположены в европейской части России.

***

На занятии вы узнали: природно-ресурсный потенциал страны характеризуется большим разнообразием природных ресурсов и значительными их запасами. В добывающей промышленности России ведущую роль играет добыча топливных ресурсов. Отраслями специализации в обрабатывающей промышленности страны является нефтеперерабатывающая промышленность, пищевая промышленность, машиностроение и металлургия.

https://www.youtube.com/watch?v=_WnLAtA1xhc&t=52s

ЗАДАНИЕ 6. Прочитайте текст ещё раз. Что означают данные цифры?

45% ....

65% ....

80% ....

20% ....

10% ....

15% ....

ЗАДАНИЕ 1. Послушайте аудио. Соедините русские выражения с их английскими эквивалентами.

1. разумные люди	a. renewable sources
2. исследовательская ассоциация инноваций	b. wooden blocks or peat
3. эффективные системы производства этилового спирта	c. reasonable people
4. газогенераторная установка	d. efficient ethyl alcohol production systems
5. возобновляемые источники	e. gas generator plant
6. тлеть	f. craftsmen
7. деревянные чурки или торф	g. Innovation Research Association
8. двигатель внутреннего сгорания	h. highway shoulder

9.	умельцы	i.	under the motto
10.	под девизом	j.	molder; decay; rot
11.	пила и топор	k.	internal combustion engine
12.	обочина шоссе	l.	saw and ax

«ЭЛЕКТРИЧЕСТВО — НЕ ЕДИНСТВЕННЫЙ ВЕКТОР»

Дмитрий Гронский — об альтернативных видах топлива

Шесть крупных автомобильных компаний мира, среди которых Suzuki, Toyota и Subaru, на днях объединились в «Исследовательскую ассоциацию инноваций в области биологического автомобильного топлива следующего поколения».

Вселяет оптимизм, что есть на Земле разумные люди, которые считают, что электричество — лишь один из возможных, но никак не единственный вектор, по которому будет развиваться транспорт завтрашнего дня. И, как оказалось, живут эти люди в Японии. Ассоциация будет заниматься исследованиями эффективных систем производства этилового спирта, методов выращивания сырьевых культур для производства биоэтанольного топлива и другими не менее важными вопросами.

Интересно, что в последнее время все чаще упоминается и такой способ приведения в движение автомобиля, как газогенераторная установка. В середине прошлого века этот вид энергетики с применением экологически чистого сырья, получаемого из возобновляемых источников, был весьма популярен. К кузову автомобиля, чаще всего к заднему бамперу, крепилась такая печка-буржуйка — здоровенный металлический цилиндр, в котором тлели деревянные чурки или торф, а получавшийся в результате этого горения древесный газ поступал в двигатель внутреннего сгорания.

Такие машины не способны поразить динамикой, но некоторым умельцам — больше всего автомобили с газогенераторными установками любят мастерить в Скандинавии — удавалось разгоняться до 120 км/ч. Главная проблема с заправками. Одной закладки дров в «печку» хватает приблизительно на 100 км пути. Так что приходится либо везти их с собой на прицепе, либо измельчать в щепу дрова для камина, которые иногда можно купить на АЗС.

20 лет назад голландский художник и изобретатель Джост Коньин совершил двухмесячное путешествие по Европе под девизом «передвигаться по миру при помощи пилы и топора». Я не уверен, что лесозаготовки, которыми он занимался на обочинах европейских шоссе, всегда были законными, но это уже совсем другая тема.

https://www.kommersant.ru/doc/5472050?ysclid=lt29ys3pwj610202408

ЗАДАНИЕ 2. Прочитайте определения. Посмотрите видео. Найдите в тексте слова и выражения, соответствующие определениям в таблице.

1. топливный резервуар	
2. угнетенный, грустный, унылый	
3. дизельное топливо	
4. небережливость	
5. добавка	
6. трансформация	
7. месторождения нефти	
8. метан	
9. соперничество, борьба, соревнование	

Сегодня по земле передвигается почти миллиард автомобилей. Каждую неделю в **бак**ах машин сгорает 50 миллионов тонн бензина. Прогнозы экспертов **неутешительны**. При таком **расточительстве природные запасы нефти** иссякнут уже через 30 лет.

- Для России это не так актуально. В России есть очень много **газа природного**, а для других стран — это очень важно. Россия, естественно, в стороне не останется. Поэтому нужно искать **альтернативные источники углеводородного сырья**, которые могли бы ее заменить в той или иной степени.

Первые самоходные экипажи приводились в движение паровым двигателем, топливом для которого были дрова и уголь. С появлением двигателей внутреннего сгорания паровые машины **конкуренции** не выдержали. Автомобили на бензине и дизели заметно выигрывали в мощности и скорости. Но сегодня, спустя сотню лет, инженеры и экологи все больше задумываются не о прогрессе, начавшемся с использованием нефтяного топлива, а его последствиях. Настало время искать замену бензину и дизелю.

Живой росток поглощает из воздуха углекислый газ, CO_2 и влагу из осадков H_2O. В результате образуются углеводы- соединения из углерода, кислорода и водорода. Когда растение начинает разлагаться, оно претерпевает ряд сложных **превращений**, в том числе происходит преобразование органических остатков, обогащенных углеводами, в углеводороды.

1. **бензинный бак** - gas tank
2. **неутешительный** - disappointing
3. **расточительство** - wastefulness
4. **природные запасы нефти** - natural oil reserves
5. **природный газ** - natural gas
6. **альтернативные источники углеводородного сырья** - alternative sources of hydrocarbon raw materials
7. **паровые машины** - steam engines
8. **конкуренция** - competition
9. **дизель** - diesel
10. **поглощать** - absorb
11. **превращение** - transformation
12. **солярка** - diesel fuel
13. **высокое октановое число** - high octane number
14. **присадка** - additive

- Всё, что вы видите вокруг себя, все живое обязательно в своем составе имеет соединения углерода и водорода.

Нефть — это взвесь, состоящая из сотен веществ, 90% которых - углеводороды, продукты ее переработки: бензин, дизель, **солярка** обеспечивают автомобиль энергией благодаря своему углеводородному происхождению, вернее, горючим свойствам, которыми обладают все эти вещества.

- Для поиска таких источников далеко ходить не надо. Надо просто обратиться к природе и как бы искать те источники, которые мы по сию пору игнорировали. Вполне возможно, сейчас нам придется ими пользоваться.

Газы, легкие или летучие углеводороды, их горючие свойства используются очень широко. Машины на таком топливе появились еще в 80-е годы прошлого века.

- Углеводородные газы являются отличным топливом для автотранспорта. Наибольшее распространение получил в настоящее время пропан-бутан, потому что может храниться в баллоне в сжиженном состоянии.

Пропан-бутан - сжиженный углеводородный газ, получают его в основном при перегонке нефти, разделение сырой горючей жидкости на фракции.

- За счет того, что молекула углеводородных газов имеет более короткое строение и имеет возможность более полного сгорания. Пропан-бутан и метан имеет очень высокое октановое число без добавления каких-либо антидетонационных **присадок**, без которых невозможно иметь современный бензин.

Октановое число - основная характеристика бензинового топлива, показатель его стойкости к возгоранию при сжатии. Чем выше октановое число, тем больше детонационная стойкость бензина, а работа двигателя- стабильнее и эффективнее.

Почему журналист говорит, что прогнозы экспертов неутешительны?

Почему необходимо искать альтернативные источники углеводородного сырья уже сегодня?

В чём преимущества пропан-бутана?

ЗАДАНИЕ 3. Посмотрите видео и заполните пропуски.

биодизель	двигателе	солярка	дизельном
возобновляемого	целлюлозу	разумно	кислорода
превратить	спирт	использования	замерзать
абсорбирует	универсальным	дровах	расход

Сейчас .... используют в виде добавок к обычному топливу.

- А для полного перехода на биодизель нам необходимо прежде всего это изменение характеристик топлива, подающая аппаратура. Она должна быть настроена на большие подачи, потому что энерго содержание в биотопливе у нас меньше, чем в .... топливе. А второе — это то, что температура остывания масла, она выше, чем у дизельного топлива. Поэтому для .... в таких регионах климатических, как наш, естественно, нужно проводить дополнительные меры.

Главный плюс биодизеля- производство из полностью .... сырья. Но этим достоинством обладают и другие виды альтернативного топлива.

Во время Великой Отечественной войны во всей стране не хватало топлива, бензин шел в самолеты, ... в танки, а гражданским машинам и ездить было не на чем. И тогда были придуманы устройства, позволяющие получать энергию из дров. Газогенератор. Из древесины или угля и воды образовывался синтез газ, который сгорал в .... и заставлял его работать. Снова необходимые соединения углерода и водорода для получения энергии.

- Мощность двигателя при этом существенно падала раза в два три, поэтому сейчас вряд ли кто-то поедет на ...., конечно. И поэтому, в общем, может быть, ... делать из поленьев спирт, которым можно вполне заправлять автомобиль, как жидким топливом.

Дрова, стружки и опилки можно .... в жидкое топливо. Главное, чтобы сырье содержало углерод и водород. В древесине таким соединением является целлюлоза. Она становится топливом в результате брожения. Сырье измельчают, очищают, выделяют из него ...., заливают водным раствором с ферментами гидролизуют её до глюкозы, добавляют дрожжи, чтобы смесь начала бродить. Затем дрожжи удаляют, а из жидкости дистилляции выделяют спирт.

- Технический ....- великолепное топливо. Октановое число у него выше, чем у бензина. Кроме всего прочего, как бы у него в молекуле уже есть атом кислорода. Поэтому для сжигания спирта как бы требуется меньше ...., чем для сжигания углеводородного топлива.

Биоэтанол можно прямо сейчас налить в бак обычной машины и ездить не хуже, чем на бензине. Разве что иногда может появляться слабый запах алкоголя. Температура сгорания спирта ниже, чем у бензина, и .... такого топлива больше. Если на 10 литрах бензина можно проехать сотню километров, то на 10 литров спирта всего 70.

- Он .... воду из атмосферы, и в результате может происходить расслаивание в бензобаке. После расслоения может ...., и это приводит к некоторым сложностям его использования как моторного топлива.

Чтобы биоэтанол стал .... топливом и не замерзал в холодное время года, ученые предложили превратить его в бензин. Оказывается, это вполне возможно.

ЗАДАНИЕ 4. Прослушайте статью, ответьте на вопросы.

ПОТЕРЯННАЯ ВОЗМОЖНОСТЬ? РОССИЯ НА КОНФЕРЕНЦИИ ПО ИЗМЕНЕНИЮ КЛИМАТА.

В шотландском городе Глазго на фоне массовых протестов и проливного дождя открылась конференция ООН по изменению климата. Наблюдатели говорят, что она обещает быть провальной.

25 тысяч делегатов из 200 стран в течение 13 дней будут решать, как спасти планету от глобального потепления. 100 тысяч протестующих будут требовать сокращения углеродных выбросов, улучшения состояния океанов, немедленного перехода к использованию возобновляемых источников энергии. 10 тысяч полицейских будут пытаться поддерживать порядок на улицах.

Глазго, бывший индустриальный гигант, когда-то считавшийся вторым по значимости городом Британской империи, сейчас далек от былой славы. Местные коммунальные службы не справляются с уборкой, сказывается нехватка персонала в связи с пандемией COVID-19.

И пока власти пытаются улучшить имидж города забавными видеороликами, на которых засняты участники форума, пробующие блюда национальной кухни – от хаггиса, блюда из бараньих потрохов, до жареных в тесте батончиков Mars, крупнейший город Шотландии встречает гостей переполненными мусорными баками, нашествием крыс и астрономическими ценами на ночлег.

Но больше всего репутацию Глазго может подпортить тщетность усилий, ради которых затевался саммит: соглашение о сокращении выбросов парниковых газов, по мнению экспертов, скорее всего, не будет достигнуто и Глазго останется в истории как город "упущенной возможности".

В идеале по итогам конференции участники должны подписать соглашение, предусматривающее, что все страны берут на себя дополнительные обязательства по сокращению выбросов парниковых газов до нуля к 2050 году. Если этого не будет сделано, то миссия форума будет провалена. Времени для того, чтобы удержать повышение глобальной средней температуры ниже 2 градусов, уже не осталось. Но многие эксперты обращают внимание на то, что мировые лидеры не смогут договориться и цель достигнута не будет, поскольку три из четырех крупнейших стран-загрязнителей — Китай, Россия и Индия — не поддерживают такой подход. Россия и Китай ориентируются на 2060 год, а Индия пока свою позицию не озвучила.

— Климатические деформации и деградация окружающей среды столь очевидны, что даже самые беспечные обыватели не способны от них отмахнуться, — заявил президент России Владимир Путин в ходе пленарного заседания международного дискуссионного клуба "Валдай" в октябре 2021 года.

Изменения температуры действительно сложно отрицать. Температура в российской части Арктики уже повысилась по меньшей мере вдвое, и это имеет серьезные последствия.

В преддверии саммита Министерство экономического развития РФ подготовило новую версию стратегии низкоуглеродного развития страны. Основной сценарий предполагает рост выбросов на 0,6 процента до 2030 года, одновременно с ростом поглощающей способности экосистем. Углеродной нейтральности Россия достигнет, согласно проекту, к 2060 году. Это стало самой амбициозной климатической целью за всю историю России. Однако то, как страна намерена выйти на этот показатель, вызывает критику и большие сомнения.

Эксперты из аналитической организации Climate Action Tracker, которая следит за выполнением климатических обязательств различных стран, считают целевые установки России в рамках Парижского соглашения "совершенно недостаточными".

— Хорошо, что Россия, наконец, присоединилась к мировым усилиям по борьбе с изменением климата, — отмечает информационное агентство Bloomberg. — Это важный шаг вперед, то есть Россия уже не отрицает, но еще не всецело принимает проблему. Ее действия скорее похожи на торг.

Американский журнал Time пишет, что "вполне может оказаться, что приоритет России не столько в борьбе с изменением климата, сколько в изменении нарратива о том, насколько быстро и в какой степени государства должны сократить свои выбросы парниковых газов".

Экономика России серьезно зависит от эксплуатации углеводородов, таких как нефть, газ или уголь, которые производят эмиссии. Это крупнейший мировой экспортер природного газа, а продажи ископаемого топлива составляют 36 процентов бюджета страны, согласно данным Организации экономического сотрудничества и развития.

Сокращение выбросов и уход от ископаемого топлива составляют угрозу как российской экономике, так и ее влиянию на геополитическом уровне, отмечает The Wall Street Journal. "Сама эволюция внешней политики России последних 20 лет была построена на использовании позиции страны как ведущего производителя ископаемого топлива в мире, на одном уровне с США и Саудовской Аравией, – цитирует газета Канданс Рондо, директора программы Future Frontlines в New America Foundation в Вашингтоне. – Стабильные цены на топливо поддерживают бюджет и помогают выплачивать пенсии. Это основа поддержки военно-промышленного комплекса. И это чуть ли не единственный источник постоянного дохода в стране".

Россия не может позволить себе отказаться от добычи газа и нефти также потому, что инвестиции в альтернативные источники ничтожно малы. Тот же Китай, являющийся главным загрязнителем воздуха в мире, активно развивает инновации, став крупнейшим мировым производителем электромобилей и солнечных батарей.

Даже если Россия действительно намерена сократить свои выбросы парниковых газов до нуля в 2060 году, не совсем понятно, насколько Кремль будет привержен этой стратегии. Предполагается, что к 2030 году выбросы будут сокращены на 70 процентов от уровня 1990-х годов. На бумаге это выглядит внушительно, но, по словам экспертов, смысла не имеет, поскольку после распада СССР в 1991 году последовал период деиндустриализации.

Директор программы "Климат и энергетика" российского отделения Всемирного фонда дикой природы Алексей Кокорин назвал российскую стратегию выхода к 2060 году на углеродную нейтральность "политической декларацией".

"Но хорошо уже то, что эту задачу включили в повестку, – цитирует его газета The Washington Post. – Мы можем подвергнуть сомнениям некоторые другие аспекты этой стратегии, но пока это уровень политических деклараций и концепций, это уже является большим шагом вперед для России".

Делегацию России в Глазго возглавляет вице-премьер Алексей Оверчук в компании министра экономического развития Максима Решетникова. По словам Решетникова, Россия будет продвигать в Глазго три основных посыла: "технологическая нейтральность", то есть возможность признания "зелеными" всех источников энергии, формально подпадающих под это определение, включая атомную; признание поглощающей способности лесов; взаимное признание результатов климатических проектов, так называемых "углеродных единиц".

Что касается признания атомной энергии "чистой", здесь у России есть союзники. Но заявления о том, что российские леса помогут нейтрализовать "несколько миллиардов [метрических] тонн выбросов углекислого газа", вызывают сомнения. Климатологи называют эту цифру нереалистичной и говорят, что такие заявления подрывают доверие к обязательствам об углеродной нейтральности.

— Заявления, которые делает Россия, зачастую звучат как ширма, — считает профессор норвежского Института им. Фритьофа Нансена Анна Корпоо, занимающаяся вопросами российской климатической политики. — Надо говорить, что ты что-то делаешь, — добавила она, — но тут же возникает другой вопрос: является ли это что-то конкретным?

Конкретные действия России несложно проследить. Москва не стала присоединяться к выдвинутой США и ЕС инициативе по снижению выбросов метана к 2030 году почти на треть; выступила с возражениями против предложений Евросоюза о введении пограничного углеродного налога, который предусматривает взимание платы за импорт углеродоемкой продукции, то есть стали, алюминия, цемента, удобрений и электричества; Россия также открыла "второй газовый фронт" (имеется в виду участие России в так называемом "зеленом переходе" Китая: из-за сокращения выбросов Китай ограничивает работу угольных электростанций и планирует переходить на другие источники энергии. — Прим. PC).

Новый газопровод мощностью 50 млрд куб. м газа в год будет доставлять в Китай вдвое больше сырья. Это в дополнение к двукратному увеличению поставок угля, в чем Китай особенно остро нуждается на фоне ухудшения отношений с текущим поставщиком — Австралией.

— Укрепляя наше стратегическое партнерство, Китай и Россия смогут успешно противостоять попыткам подавить и разделить две страны, создать сопротивление для обеспечения международной справедливости и правосудия, — заявил китайский лидер, комментируя сделку. Видимо, в рамках этого единого фронта против США и Европы, председатель политбюро коммунистического Китая Си Цзиньпин и президент России Владимир Путин отказались от присутствия на форуме. Оба лидера прислали свои видеообращения, но в дискуссиях принимать участия не будут.

— Нам жизненно необходимо не допустить потепление выше 1,5 градуса. Это значит, что нужно сокращать использование ископаемых видов топлива, — говорит Кевин Андерсон, профессор в области энергетики и изменения климата университета Манчестера. — Правительства должны сделать усилие и выработать решение, но, судя по всему, вероятность этого довольно низкая.

Это всеобщее ожидание. Теоретически саммит в Глазго может привести к серьезным изменениям в нашей жизни — от ограничения на продажу автомобилей с дизельными двигателями до запрета на использование газовых котлов для обогрева жилищ. Потепление климата планеты Земля происходит из-за выбросов парниковых газов — последнее десятилетие стало самым жарким в истории ведения наблюдений, и правительства согласны, что настало время действовать.

В 2015 году все страны-участницы согласились принять серию мер, направленных на удержание потепления "значительно ниже" 2 градусов по Цельсию, в идеале на уровне 1,5 градуса, чтобы избежать экологической катастрофы. Именно это закреплено в Парижском соглашении, согласно которому страны должны прекратить выбросы парниковых газов к

2050 году. Но конкретные шаги шесть лет назад прописаны не были, и каждая страна разрабатывает собственный план в меру своих возможностей.

Поскольку возможности у всех разные, страны-участницы будут говорить об экологической справедливости и кто за нее должен платить. По мнению развивающихся стран, это должны быть богатые страны, которые больше загрязняют окружающую среду, заставляя беднейшие нации пожинать последствия изменения климата.

Тысячи активистов хлынули в Глазго в преддверии саммита, чтобы потребовать немедленных действий со стороны мировых лидеров. Борцы за экологическую справедливость, представители коренных народов и защитники прав человека используют форум, чтобы заключить альянсы и координировать свои действия со сторонниками, чтобы и в будущем можно было оказывать влияние на политиков. Среди них — шведская экоактивистка Грета Тунберг, которая прибыла на центральный вокзал Глазго в ореоле рок-звезды. Толпа сторонников провела на вокзале митинг и встретила ее восторженно.

Ближайшие две недели Глазго ожидают демонстрации и забастовки, баррикады и самодельные блокпосты в рамках акции гражданского неповиновения.

— Мы своими глазами видим результат изменения климата с 2016 года, и в СМИ об этом говорят больше, — говорит Кевин Андерсон из университета Манчестера. — Наводнения, засуха и миграция тому доказательство. Неудивительно, что люди стали больше возмущаться.

Накануне саммита Британская телерадиовещательная корпорация Би-би-си опубликовала традиционный опрос, сделанный по ее заказу. Более 30 тысяч человек в 31 стране приняли участие в опросе. Он показал, что жители большинства стран хотят, чтобы их лидеры принимали жесткие меры по борьбе с изменением климата, и этот показатель существенно вырос по сравнению с 2015 годом. Кроме России, где он упал с 50 процентов до 38.

— Мы больше не можем ждать, когда мировые лидеры начнут действовать. Они за 30 лет ничего не сделали. Нужны инициативы снизу, которые задействуют широкие слои общества: молодежные движения и так далее, — подытоживает Кевин Андерсон. — Мы должны занять позицию и добиться выполнения обещаний. Мы должны надавить на политиков. Поможет ли это? Кто знает. Но давление необходимо усилить.

https://www.svoboda.org/a/poteryannaya-vozmozhnostj-rossiya-na-konferentsii-po-izmeneniyu-klimata/31538325.html

1) **Какой из нижеперечисленных фактов соответствует информации, содержащейся в статье о конференции ООН по изменению климата в Глазго?**

A) Участники конференции будут решать, как увеличить выбросы углекислого газа.

B) Местные коммунальные службы в Глазго справляются с уборкой города без проблем.

C) Глазго в прошлом был индустриальным гигантом, но сейчас страдает от нехватки персонала.

D) Конференция в Глазго призвана решить проблемы изменения климата и экологии.

2) **Какую страну называют в статье стратегическим партнером России и что делают страны для укрепления партнерства?**

A) Страной-партнером России называют Германию, они совместно разрабатывают стратегию борьбы с изменением климата.

B) Страной-партнером России называют Канаду, они совместно увеличивают добычу угля и нефти.

C) Страной-партнером России называют Китай, они совместно увеличивают поставки газа и угля.

D) Страной-партнером России называют Францию, они совместно разрабатывают программу по сокращению выбросов метана.

3) **Какое основное требование выдвигают развивающиеся страны в контексте экологической справедливости в статье?**

A) Богатые страны должны увеличить свои выбросы парниковых газов для сокращения неравенства.

B) Развивающиеся страны должны возложить ответственность за изменение климата на наиболее развитые страны.

C) Бедные страны должны компенсировать использование ископаемых ресурсов богатых стран.

D) Богатые страны должны компенсировать ущерб, причиненный бедным странам, в результате изменения климата.

ЗАДАНИЕ 5. Посмотрите видео. Отметьте мнения оппонентов, с которыми Вы согласны. Аргументируйте свой ответ.

Индия и Китай сейчас начинают переходить на возобновляемые источники энергии, так называемые, накопители.

Подождите, вот смотрите. Возьмите Индию. Люди пересаживаются со слонов, извините за откровенность, на очень дешевые бензиновые машины. Если вы предлагаете сразу пересесть на электромобили, это как из феодализма сразу в коммунизм перейти. Так не будет. Они покупают пока дешевые бензиновые машины, и поэтому спрос на топливо, на бензин, растёт. Сколько стоит в Соединённых Штатах в продажах электромобилей? Один процент! Один процент!

С 2017 года государство уже начинает снижать субсидии на потребление дизельного топлива.

ЗАДАНИЕ 6. Посмотрите видео. Отметьте верные утверждения.

☐ В мире уже много компаний, таких как норвежская Statoil, Total, которые инвестируют и в солнечную энергетику, и в разработку накопителей энергии.

☐ Общая доля возобновляемой энергетики в мире через 5 лет вырастет до 60%.

☐ Основы производства зелёной энергетики останутся гидроэлектростанции, на втором месте- ветряная энергия, на третьем – солнечная и биоэнергетика.

☐ Ожидается, что до 2030 года треть российских объёмом энергии будет производиться с помощью возобновляемых источников энергии, которые в итоге сместят нефть и газ на второе место.

ЗАДАНИЕ 7. Посмотрите на инфографику. Какие выводы можно сделать?

Потребность в энергии растет с каждым годом. Это связано и с ростом населения (к 2025 году население планеты будет насчитывать около 10 млрд человек) и с развитием промышленного сектора. Поэтому поиском альтернативных источников энергии, которые могли бы заменить традиционные нефть, уголь и газ, сегодня заняты как энергетики, так и экологи, обеспокоенные негативными последствиями интенсивной добычи полезных ископаемых.

В России запасы углеводородов одни из самых крупных в мире. В частности, разведанных запасов нефти и газа, по данным Минэнерго, хватит на срок более 50 лет, и это без учета потенциала арктического шельфа. Несмотря на то, что на сегодняшний день в России оптимальный энергетический баланс, в Минэнерго заявили, что планируют его менять в сторону увеличения объемов «зеленой» энергетики. «Сейчас это 0,2%. До 2020-2024 года планируем выйти на 3% — до 6 тысяч МВт за счёт различных механизмов поддержки возобновляемых источников энергии», — заявил глава ведомства Александр Новак. Среди перспективных направлений более активное использование геотермальных источников, энергии солнца и ветра.

https://aif.ru/dontknows/infographics/alternativnye_istochniki_energii_infografika

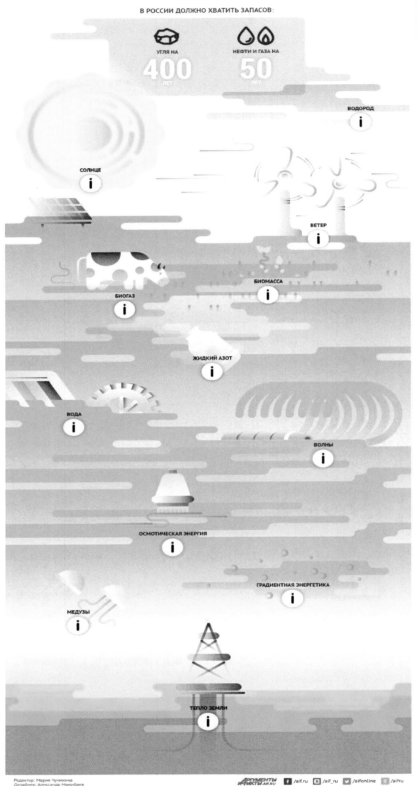

АЛЬТЕРНАТИВНЫЕ ИСТОЧНИКИ ЭНЕРГИИ

В РОССИИ ДОЛЖНО ХВАТИТЬ ЗАПАСОВ:

УГЛЯ НА
400 ЛЕТ

НЕФТИ И ГАЗА НА
50 ЛЕТ

ВОДОРОД

СОЛНЦЕ

ВЕТЕР

БИОМАССА

БИОГАЗ

ЖИДКИЙ АЗОТ

ВОДА

ВОЛНЫ

ОСМОТИЧЕСКАЯ ЭНЕРГИЯ

ГРАДИЕНТНАЯ ЭНЕРГЕТИКА

МЕДУЗЫ

ТЕПЛО ЗЕМЛИ

FUNCTION WORDS

Вполне возможно — вероятно, можно сказать, скорее всего

Примеры.

∗ Вполне возможно, что это будущая звезда какого-нибудь танцевального шоу!

∗ Мировой рекорд, **вполне возможно**, установила женщина в Германии: Аннегрет Рауниг родила сразу 4-х детей- и это в 65 лет!

∗ В данный момент остались только технические вопросы, которые, **вполне возможно**, будут решены уже сегодня.

ЯЗЫК
СМС
CHAPTER 5

ЗАДАНИЕ 1. Попробуйте расшифровать сокращения.

1.	ХЗ	a.	как мне кажется
2.	КМК	b.	хрен знает
3.	ОМГ	c.	очень
4.	ДР	d.	спокойной ночи
5.	ИМХО	e.	от англ. IMHO (In my humble opinion) — По моему скромному мнению
6.	прив	f.	от англ. ROFL (Rolling on the floor laughing) — катаюсь по полу от смеха
7.	оч	g.	от англ. OMG (Oh my god) — О, боже!
8.	мб	h.	семья
9.	спок	i.	день рождения

10. рофл, рофлить	j.	P.S. (английские буквы на русской раскладке клавиатуры)
11. кст	k.	LOL
12. НГ	l.	Новый год
13. днюха	m.	день рождения
14. ЛОЛ	n.	кстати
15. слу	o.	люблю
16. 7я	p.	может быть
17. ща	q.	спасибо
18. пжлст, пож	r.	пожалуйста
19. плз	s.	пожалуйста (от англ. — please)
20. я тя лю	t.	привет
21. лю	u.	сколько
22. ск	v.	слушай
23. пасиб	w.	спасибо
24. хз	x.	хрен знает
25. чз	y.	через
26. спс	z.	сейчас
27. ЗЫ	aa.	я тебя люблю
28. ЗОЖ	bb.	здоровый образ жизни

ЗАДАНИЕ 2. Посмотрите видео. Ответьте на вопросы.

🎧 Расшифруйте сообщение: «Ща я 8☹ Позвоню в втр.»

🎧 Согласны ли Вы с Алексеем, что смс-сленг, кроме экономии времени, дает возможность безграмотному человеку хорошо скрыть свои пробелы в знании русского языка?

🎧 Признаётся ли официально смс-сленг в России? А в других странах?

Нет, это не азбука Морзе! Если вы ничего не поняли, значит в своих мобильных сообщениях вы еще не говорите на смс-сленге. Но как показывает жизнь, уже пора учиться осваивать и этот язык. Некоторые горожане уже преуспели в этом. Для справки, смс придумали под рождество в 92 году, и сделал это один очень умный инженер под фамилией Папуорт. Но пользуемся мы этим сервисом всего 12 лет, так как полный вариант услуги коротких сообщений был введен только в 2000 году. Всего-то 12 лет, а мы как будто с рождение смс-ки пишем.

1. **азбука Морзе** - Morse code
2. **осваивать язык** - master the language
3. **ненароком** - inadvertently
4. **замысловатый** - intricate
5. **непосредственно** - directly
6. **безграмотный человек** - illiterate person
7. **вопросы отпадают** - questions disappear
8. **шарить по интернету** (шарить – искать *разговорн.*) - surf the Internet
9. **в конце концов** - in the end
10. **знаток** - expert

Такое же ощущение и у нашего героя.

Алексей Мусаев: «Вот, пожалуйста, содержание поймет и ребенок! «Сейчас я занят, позвоню в понедельник. Фоткаемся во вторник». Все очень просто: «ща»- это сейчас, я это понятно кто, восьмерочка это значит занят, «позвоню в пнд»- это понятно, что я позвоню в понедельник, а вот «буд»- это ясно, что будем. «4откаемся»- 4 по-английски «фо», значит «фоткаться», во втр – вторник.»

Алексей по профессии мерчандайзер. Чтобы все успеть, он должен быть мобильным во всем, в том числе и в смс сообщениях. Правда сейчас его смс больше похожи на какую-то азбуку Морзе понятную только ему самому. Иногда так забывается, что ненароком да отправит такой замысловатым месседж клиенту, сотруднику по работе, а то и директору.

Алексей Мусаев: «Дошло до того, что мое руководство, которому я непосредственно подчинен, отвечает мне такими же с смс-ками в таком же стиле, в котором я общаюсь и рапортую им о том, чем я занимался.»

Смс-сленг, как считает Алексей, кроме экономии времени, дает возможность безграмотному человеку хорошо скрыть свои пробелы.

Алексей Мусаев: «Писать мягкий знак или не писать - вот эти, подобного рода , вопросы, они тут практически отпадают. «Пишеца, думаеца, спица, они играюца.»

Это сейчас он- ас и может расшифровать практически любое смс-сообщение, но еще пару лет назад, познакомившись с девушкой намного младше себя, никак не мог понять на каком языке она переписывается с ним.

Алексей Мусаев: «Встречался с девушкой, которая гораздо моложе меня и которая очень хорошо знает все эти современные способы общения. Соответственно присылает она мне смску. Я не мог понять, что же это такое, и давай по интернету шарить, узнавать, и в конце концов жизнь заставила, я разобрался в этом.»

Что ж знаток еще тот, такому даже книгу несложно будет выпустить...

Алексей Мусаев: «Да, такая идея была, потому что сейчас зачастую невозможно понять, что же тебе хотят сказать и переспрашивать как-то бывает неудобно. Я думал об этом, что такую вещь может стоит создать, и причем на двух языках. Скинуть — это уже тоже сленг, наверняка это слово войдёт в этот словарь.»

Смс-сленг, или как его еще прозвали тексинг, чуть ли не официально признают во многих странах. Так в Шотландии уже давно преподают курсы смс-сленга, во Франции выпущена книга на смс-языке для подростков о вреде курения. В Великобритании пошли дальше и многие произведения классической литературы сжали до языка смс (может хоть так молодое поколение ознакомиться с бессмертными творениями Гомера, Мильтона, Шекспира). А в Китае экранизировали первый смс-роман. Между прочим, это историческая драма под названием «По ту сторону осажденной крепости», состоит из 60 глав, в которых задействовано 4200 персонажей. А вы говорите примитивизация. Так что учите смс-сленг пока не поздно.

https://www.youtube.com/watch?v=8ARqH1dTd1c

ЗАДАНИЕ 3. а) Прочитайте и попробуйте расшифровать сокращения и сленговые выражения.

— Трям! Слух, бро, ты хату на НГ нашел?

— Да, все норм. Ты с гф будешь?

— Не, у нее чсв поднялось, агрится хз почему.

— Лол, тогда го сам.

— Ок.

| 1. **агриться** (*сленг*) – to be angry |
| 2. **заскоки** (*сленг*) - issues |

Подобные переписки в Facebook или Telegram встречаются куда чаще, чем можно подумать. Потому что человек по своей натуре очень ленивое существо и написать пару лишних букв в сообщении другу смерти подобно. Особенно, если твой собеседник точно такой же.

б) Проверьте себя.

***

А теперь давайте переведем абракадабру на человеческий язык. Вдруг не все поняли, что здесь написано.

— Привет! Слушай, брат, ты нашел место, где будем Новый год праздновать?

— Да, все в порядке. Ты со своей девушкой будешь?

— Нет, у нее заскоки какие-то, злится непонятно почему.

— Ха-ха, тогда приходи сам.

— Хорошо.

В личных переписках пользователи соцсетей очень редко придерживаются всех правил языка. Скажем больше, многие их намеренно игнорируют. Ведь зачем тратить свое время, если целое предложение можно заменить короткой аббревиатурой?

ЗАДАНИЕ 4. Прослушайте и прочитайте статью. Ответьте на вопросы.

| 1. **пробелы** – spaces, gaps |
| 2. **веяние** - trend |
| 3. **осаждённая крепость** - besieged fortress |
| 4. **заморачиваться** (*сленг*) - bother |

Смс-перепиской мы пользуемся настолько часто, что и представить себе не можем жизнь без этого вида коммуникации. Многие люди ищут возможности, как заработать на смс сообщениях. Но далеко не все могут считать себя знатоками довольно необычного языка смс-общения.

Смс-сленг можно сравнить с азбукой Морзе.

Как известно, смс придумали в 1992 году, но полный вариант услуги коротких сообщений (Short Message Service) был введен только в 2000 году. То есть, языку смс всего лишь 13 лет. Но за такое относительно короткое время смс-сленг стал настолько сложным, что иногда расшифровать его непосвященному человеку не легче, чем азбуку Морзе.

В основе смс-сленга повсеместные сокращения, замена слов цифрами и смайликами, подмена кирилличных букв латинскими и т. д. Замечено, что «телефонный диалект» имеет одну интересную особенность — кроме экономии времени он дает возможность безграмотному человеку скрыть пробелы своего образования. Ведь в смс можно писать слова по их транскрипции, то есть, «как говорю, так и пишу».

Язык смс — предмет изучения современных лингвистов и новое веяние в мировой культуре.

Вряд ли сейчас к языку смс или, как его еще называют, текстингу уместно относиться несерьезно. Поэтому, немало лингвистов посвящают ему свои научные исследования. В Европе даже издают словари смс-сленга.

Кроме того, в Шотландии преподают курсы смс-сленга, а во Франции выпущена книга на смс-языке для подростков о вреде курения. В Великобритании многие произведения классической литературы сжали до языка смс. Таким образом, надеются привлечь молодое поколение к бессмертному достоянию мировой литературы — произведениям Гомера, Мильтона, Шекспира и других великих писателей.

В Китае экранизировали первый смс-роман. Это исторический роман «По ту сторону осажденной крепости», состоящий из 60 глав, в которых задействовано 4200 персонажей.

Поэтому, прежде чем заморачивать свою голову вопросом, как делать бесплатную смс рассылку через интернет от своего имени, может быть стоит подучить язык смс? Так текст смс рассылки будет составлен оригинально и по молодежному.

🐾 Почему Смс-сленг можно сравнить с азбукой Морзе?

🐾 В чём заключается основа смс-сленга?

ЗАДАНИЕ 5. Посмотрите видео. Расшифруйте диалог.

-Хеллоу! Как жизнь?

-Я окей. Как сама?

-А, норм! Слушай, может в парк сгоняем?

-Оки. Во скоко?

-Щас...А давай где-нить в час?

-Оке, пойдет! На связи тогда. Токо не опаздывай!

-Угу, окей, давай!

https://www.youtube.com/shorts/IN6qG1mLdF4

ЗАДАНИЕ 6. Посмотрите 2 видео, найдите и расшифруете сокращения.

1) Теперь вы будете лучше понимать, о чем написали русские в сообщении. Конечно, молодежь часто это использует. Более взрослые люди, наверное, нет. Итак, если носители русского языка написал вам "прив", это значит "привет". Если он написал вам "спок", "спок" или "споки", это значит, что он хочет сказать вам "спокойной ночи", поэтому не бойтесь этих слов. Если вы получили сообщение и там "спс", "пасиб",... "Пасиб" — это значит "спасибо". Ну а если вам ответили "пож" или "пж", это значит "пожалуйста". Но даже в разговорной речи, когда мы просто общаемся, мы иногда говорим "пасиб", иногда говорим "прив", "спок". Никогда не слышала "пож" или "пж". Еще, чтобы сказать "тебя", мы используем "тя". Мы можем, например, написать "лю тя". Как думаете, что значит "лю тя"? Да, это значит "люблю тебя". А что значит "оч лю тя"? Очень люблю тебя! Отлично. Вы уже можете писать сообщения по-русски.

2) И ещё одна группа слов, не грубых, не плохих, очень хороших и полезных слов — это слова, которые мы используем, чтобы называть социальные сети. Например, у нас есть русская социальная сеть "Вконтакте". Мы называем ее "вк". У нас есть Фейсбук, и мы называем его "фб". У нас есть чат Телеграм, мы называем его "тг" или "телега". У нас есть Тик-Ток, и Тик-Ток мы называем "тт". И, конечно, в России есть Инстаграм, и Инстаграм мы называем "инста". Например,. Я написала тебе в вк. Или посмотри, какую фотографию она опубликовала в инсте. Давай в телеге пообщаемся. Вот так вот общаемся мы онлайн в разных мессенджерах, соц. сетях или просто в сообщениях.

https://youtu.be/xmFBhvUuMFo?si=Q47btjtrQblxYOiY

ЗАДАНИЕ 7. Прочитайте статью. Обсудите разницу между русскоязычным способом выразить смех в онлайн-переписке и тем, как это принято в Вашей стране.

КАК ПРАВИЛЬНО СМЕЯТЬСЯ В ОНЛАЙН-ПЕРЕПИСКЕ?

Можно, конечно, написать «Ах, как это смешно!», но это же длинно, неудобно, затратно по времени и совершенно безэмоционально!

Русскоязычных вариантов посмеяться на письме мы с вами знаем немало: ха-ха-ха, хи-хи-хи, хе-хе-хе лишь немногие из них — достаточно вспомнить знакомое бугага и его многочисленные вариации. С лёгкой руки западных любителей пообщаться онлайн в наших смсках и чатиках появились одинарная) или многочисленные))) и прочие знаки препинания.

В английском языке обычно пишут LOL (laughing out loud), ha или ставят те же))) или :-). Хохот можно отобразить на письме как «haha» или «heh», смех с толикой иронии — «hehe», смех озорной — «teehee». Кстати, французы вместо универсального LOL используют сокращение MDR, что расшифровывается как "mort de rire" (умирать со смеху).

Как же по-особенному смеются носители других языков?

- Тайцы в ответ на шутку напишут «55555555». Число «5» в тайском языке произносится как «ha».
- Японцы обычно пишут «www», и это обозначает именно звуки смеха, а не WorldWideWeb. Смех в японской письменности кандзи обозначается иероглифом 笑, который произносится как «warai». Находчивые японцы очень быстро сократили «warai» до «w» и теперь смеются «wwwwwww».
- Китайцы (мандаринский) передают на письме смех звукоподражанием 哈哈, (произносится hā hā) и 呵呵 (произносится he he). Стоит отметить, что если тайцы смеются цифрой 5, то китайцы этой цифрой рыдают. В китайском языке «555» произносится как «wuwuwu», что очень напоминает звук плача.
- Корейцы смеются как «kkk» или «kekeke», что является краткой формой иероглифов ㅋㅋㅋ от ㅋㅋㅋ (keu keu keu).
- Испанцы смеются как «jajaja» (звучит как hahaha). В испанском буква «j» звучит как «х».
- ﺄﻬﻬﻬ — а так витиевато могут смеяться только по-арабски!

С м е й т е с ь не только в чатах, но и в реальной жизни! Ведь смех, как известно, продлевает жизнь! ;)

ЗАДАНИЕ 8. Переведите переписки на литературный русский язык.

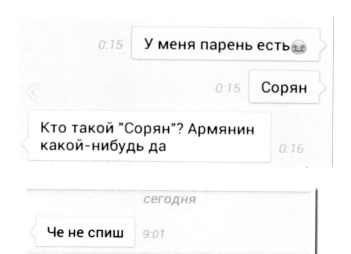

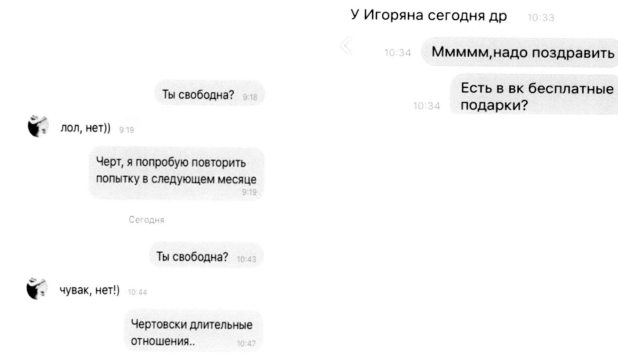

ЗАДАНИЕ 1. Попробуйте расшифровать сокращения.

1. «сорри», «сорян», «сорьки», «сорямба»	a. ажиотаж вокруг закупки макарон и гречки впрок
2. кавайный	b. сожалеть
3. краш	c. языковая игра, ироничные, шутливые названия коронавируса
4. флексить	d. человек, которому всё равно, он не беспокоится ни о чём
5. гречкохайп	e. в молодежном сленге дернуться от страха, испытывать стыд или негодование из-за действий

			другого человека. В том числе это может означать мерзкое, жуткое, ужасное нечто.
6.	короновирье/ карантец/ковидло/ макароновирус	f.	милый, хорошенький, трогательный, по-детски очаровательный, в стиле кавай
7.	маскобесье	g.	танцевать и развлекаться: например, в клубе, на дискотеке и любом другом месте, где люди ритмично двигаются под музыку (то есть сгибаются и разгибаются).
8.	расхламинго	h.	Люди, которые не носят маски
9.	коронапофигисты	i.	прохлаждаться, расслабляться, отдыхать, спокойно проводить время или попросту ничего не делать
10.	голомордые	j.	Ситуация, когда люди носят маски, не принимают/не обслуживают людей без масок
11.	чилить	k.	популярное домашнее занятие, связанное с уборкой во время вынужденного карантинного безделья
12.	бумер	l.	Поколение беби-бумеров- термин, применяемый в теории поколений Уильяма Штрауса и Нила Хоува к людям, родившимся в период примерно с 1946 по 1964 годы.
13.	кринж	m.	комп. жарг. передавать данные по мере надобности (в потоковом видео, компьютерных играх)
14.	прив	n.	человек, который очень нравится, объект наслаждения для души.
15.	стримить	o.	сокращённая версия «привет», которую используют в текстовых сообщениях

ЗАДАНИЕ 2. Заполните пропуски.

флексить	сорян	краш	гречкохайп
зумиться	расхламинго	кринжовое	кавайный

1) Есть у него, например, словечко «....................», что от английского «сорри». Я могла бы возмущаться, поправлять его, но я подумала, что его «сорян» — это просто извинение.

2) Вот когда, например, роман какой-нибудь читаю, и герой там весь из себя такой положительный или, наоборот, отрицательный, но весь такой .... няша, то сердце сладко вздрагивало в груди, наполнялась мечтаниями голова...

3) К примеру, Иван проявляет чувства к Екатерине, первый может сказать в адрес второй: «Катя — мой ....».

4) Одно из значений слова «...................» по семантике близко к слову «тусить».

5) В начале эпидемии коронавируса COVID-19 во многих странах начался ажиотаж, связанный с боязнью населения того, что во время локдауна возможен острый дефицит продуктов питания, в связи с чем люди начали массово скупать многие продукты. Таким образом на какое-то время создался дефицит некоторых продуктов, например в России с прилавков пропала гречка, с чем, собственно, и связано название термина, как ....

гречка

NB! гречка is not kasha! Гречка is buckwheat. Каша - это блюдо! Каша может быть рисовой, гречневой, овсяной, пшёной, манной и тд. Каша может быть молочной, с солью или сахаром, но всегда с маслом. Кашу маслом не испортишь!

6) Слово "................... " стало синонимом "генеральной уборки".

7) Лингвист выделила следующие новые слова: «голомордые» (люди без защитных масок), «...................» (участвовать в мероприятии на платформе Zoom), «карантикулы» (режим нерабочих дней).

8) Если вы услышите, что у вас что-то ...., это означает — вашему собеседнику что-то совсем не нравится.

ЗАДАНИЕ 3. Посмотрите видео и ответьте на вопросы.

- Как изменился язык с появлением интернета?
- Можно ли сказать, что русский язык портится?

🐾 Как Вы думаете, с появлением интернета Ваш родной язык так же сильно поменялся как и русский?

КАК ИНТЕРНЕТ ИЗМЕНИЛ РУССКИЙ ЯЗЫК? МУЛЬТФИЛЬМ НА ДВЕ МИНУТ

По-русски говорят и пишут миллионы людей, но так было не всегда. На протяжении почти всей русской истории писали в сотни раз меньше людей, чем говорили. Во-первых, не все умели, во-вторых, не всем было надо- писали чаще всего по работе, а статьи стихи были уделом избранных. В 21 веке это уже не так.

Грамотность давно стала всеобщей, а у народных масс появилось время и, главное, место, где можно писать постоянно — интернет.

Раньше, если ты известный журналист, писатель или общественный деятель, тебя читали тысячи. Сейчас обычного блогера, если он боек и актуален, могут читать миллионы и не важно, где ты живешь, работаешь и какое у тебя образование.

До интернета были два языка: русский устный- для всех, и русский письменный- для немногих. Теперь появился гибрид — устно-письменный. В мессенджерах мы общаемся так, будто просто записываем свою устную речь с ее странным порядком слов, ошибками и даже произношением. Это совсем не тот язык, который был в старинных письмах в конвертах. Язык столетиями вырабатывал сложную иерархию и стиль. В газетах писали одним образом, в стихах — другим, а брань, просторечия и сленг оставались только для дома и улицы.

В интернете вся иерархия рушится. Теперь традиционный язык газет, телевизора или толстых романов, безнаказанно смешивается с разговорными выражениями, специальными компьютерными терминами и свежими английскими заимствованиями. Новые слова придумываются каждый день, и исчезают с той же скоростью. Кто-то скажет, что язык портится, но вернее говорить, что он приспосабливается к новым условиям жизни, которых не существовало еще 30 лет назад.

https://www.youtube.com/watch?v=p9FNJmn9tSU&ab_channel=Arzamas

ЗАДАНИЕ 4. Посмотрите видео и ответьте на вопросы.

🐾 Приведите примеры словообразований, которые используют подростки.

🐾 Понимает ли взрослое поколение молодёжный язык? Почему?

🐾 Почему преподаватель рэп-школы Степан Токарьян считает, что детям необходимы слова, непонятные для взрослых?

ОТ ФЕНИ ДО ЯПОНСКОГО: ИСТОЧНИКИ ПОДРОСТКОВОГО СЛЕНГА.

кавайный

1) Кавайный это заимствование из современного японского языка, где слово «каваии» означает «милый» или «симпатичный». Мало им, любителям манги и аниме, одного «няшного», так ещё и «кавайного» подавай.
2) В русском языке слово «кавайный» чаще всего используется в качестве синонима к таким словам, как «клёвый», «классный» или «крутой». Например: вчера посмотрела один старинный американский фильм, и как ни странно, он оказался вполне себе кавайным.

У современных подростков столько своих непонятных словечек. Причем каждый год появляются новые. Только и успевай запоминать. Что значит популярный подростковый сленг и откуда он берется мы разбирались в рубрике «Культурный ликбез».

«Го», «тащер», «слить катку». Многое из современной подростковой речи — из компьютерной тематики. «Го» — это призыв куда-то пойти. «Тащер» — тот, кто «затащил» игру, то есть выиграл. «Слил катку» — наоборот — проиграл. Кажется, что словообразование — одно из любимых занятий подростков. «Концик» — как концерт, «падик» — как подъезд. Сокращая или удлиняя обычные русские слова, они формируют новый сленг. Часто используют и кальку с английского.

«Есть английское слово «сорри», от него образуются разные производные: «сорян», «сорьки» или «сорямба». Иногда слово сокращается, иногда удлиняется. Разные эксперименты, разные модели. Источники тоже разные. Много слов, заимствованных из иностранных языков. Скажем, модное сейчас молодежное слово «краш» — в смысле «влюбленность» или «объект влюбленности». Например, расскажи мне про своего краша — то есть про объект влюбленности», — поясняет ведущий научный сотрудник Института русского языка им. В.В. Виноградова РАН Ирина Левонтина.

Меняется молодежный сленг очень быстро. Только родители успели выучить, что такое «лол», как это слово вышло из моды. Теперь вместо него в значении смешно или шутка говорят «рофл». Мы поинтересовались, понимают ли люди подрастковый сленг.

«Зашквар» - что-то из кулинарии может, пережаренные какие-то продукты

«Вписка» - прописка, может что-то с ЖКХ связанное

«Кавайный» - клевый, может. Не знаю

«Вписка» - знаю. Тусовка домашняя. Туда приходишь, вписываешься в компанию.

«Флексить» - типа тусить, танцевать

В отличии от старшего поколения, подростки расшифровали сленг быстро и безошибочно

«Кавайный» - милый, нежный

«Флексить» - это тусить

«Зашквар» - сделать то, за что тебе стыдно

«Панч» - реперы кидают панч

«Короче дело верное

Ломаться хватит

Замутим не реальный батл

На базе

Если полезет зашквар

И будет левым бедлам

Не спит моя тян

Она живет там

Преподаватель рэп-школы Степан Токарьян говорит: детям необходимы слова, непонятные для взрослых. С их помощью они защищают свое личное пространство.

«Благодаря этим словам они создают свою среду, в которую не каждый может проникнуть. Это такая своя детская комната. Дети в принципе очень любят коверкать слова. Отчасти нам это облегчает задачу, потому что становится легче подбирать рифму. Иной раз слово изменяется, чтобы оно рифмовалось с другим словом, хотя в принципе с ним не рифмуется», – отмечает музыкант Степан Токарьян.

Жаргоном пользуются и многие отличники. Препятствовать этому не нужно, говорят специалисты.

https://mir24.tv/news/16398074/ot-feni-do-yaponskogo-istochniki-podrostkovogo-slenga

ЗАДАНИЕ 5. Прочитайте статью. Объясните, что означают выделенные слова.

КАРАНТЕЦ ПОДКРАЛСЯ НЕЗАМЕТНО.

Новое время дарит нам новые даты. Не то чтобы это были приятные даты, но история такова, какова она есть. И с ней не поспоришь. Совсем недавно мы с вами отмечали — не в праздничном смысле, конечно, а в хронологическом — 250 дней с начала эпидемии коронавируса в России.

И вот теперь — очередной, так сказать, юбилей. По одной из версий, именно 17 ноября прошлого года в китайской провинции Хубэй первый человек заболел

коронавирусом. И стал таким образом "нулевым пациентом" в пандемии, охватившей весь мир. И изменившей за год этот мир.

Удивительно, кстати, что по опросу британской газеты The Sun лучшей страной для туризма в уходящем году была признана — внимание! — Италия. А на втором месте, вы не поверите, США. Может быть, это, конечно, тот самый тонкий английский юмор, про который нам так много рассказывают, но который так нелегко уловить. А с другой стороны, может быть, англичанам и правда кажется, что в Италии или в США в 2020 году было безопаснее, чем в Великобритании.

В России же такой ерундой, как опросы о лучшей стране для путешествий в году, когда все зарубежные путешествия закончились прямо в конце февраля, не занимаются. В России занимаются настоящей наукой. Кто-то разрабатывает вакцины, кто-то — протоколы лечения. А кто-то изучает, как обогатился словарный запас русского языка за год.

Ученые-лингвисты Уральского федерального университета докладывают: «В русском лексиконе появились такие слова, как коронавирье, карантец, ковидло, макароновирус и гречкохайп». «Гречкохайп» — это «нездоровый ажиотаж, связанный с массовой закупкой макарон и гречки». Кроме этого, русский язык обогатился словами «маскобесье, вируспруденция, карантэ». Последнее слово означает «владеть собой в самоизоляции». А новое слово «расхламинго» означает «популярное домашнее занятие, связанное с уборкой в доме во время вынужденного карантинного безделья».

Кроме этого, появились новые социальные страты: "коронапофигисты", "ковигисты", "голомордые", а также "карантье" — владельцы собаки, сдающие ее в аренду для прогулок.

Ну что же. Я должен снять перед учеными-лингвистами Уральского федерального университета свою шляпу. То есть — бейсболку.

Потому что лично я, все эти 250 с лишним дней просидевший в социальных сетях с утра и до вечера, ни одного из перечисленных выше слов ни разу не видел. Ну да на то они и ученые, чтобы видеть то, что не могут видеть другие.

Впрочем, в исследовании принимали участие ученые-филологи еще из Финляндии, Швеции и Испании. Может, это они и подкинули.

ЗАДАНИЕ 6. Посмотрите видео. Ответьте на вопросы.

Согласно опросу зрителей передачи, как люди относятся к сленгу?

🦉 Можем ли мы игнорировать сленг?

🦉 Понимали ли прохожие на улице слова «чилить», «кринж», «краш», «бумер»?

🦉 Зачем подростки придумывают и употребляют иностранные слова?

🦉 Откуда появляются сленговые слова в современной речи?

СЛЕНГ: ИГНОРИРОВАТЬ ИЛИ ОСВАИВАТЬ?

Василий Киров, ведущий:	«Чилим, флексим, стримим»
Людмила Ширяева, ведущая:	Кое-что знаем. Мы сегодня в «Инстаграм» спросили Вас: «А вы игнорируете сленг или осваивает его?»
Ведущий:	Так вот, 45% наших зрителей честно сказали «Игнорируем», а 55%, как и мы с тобой, в стадии, так сказать, освоения этого необычного явления природы
Ведущая:	Ну что называется приходиться осваивать современный сленг. И этот же вопрос мы зададим сегодня нашему эксперту, лингвисту, ведущему библиотекарю центра «Охта» Центральной городской публичной библиотеки им. В.В. Маяковского Анастасии Котельниковой. Она уже в нашей студии. Анастасия, доброе утро!
Анастасия:	Доброе утро!
Ведущий:	Анастасия, ну такой сразу вопрос: вообще стоит ли уделять столько внимания сленгу? Ну казалось бы, есть и есть, будет и пускай… А вот так вот, надо- не надо, вводить – не вводить, осваивать – не осваивать?
Анастасия:	Во-первых, вы не осваиваете это специально. Мы все сидим в соцсетях, интернете, общаемся друг с другом. Поэтому эти слова все равно будут приходить в нашу речь. Мы не можем их игнорировать, потому что тогда мы перестанем понимать подростков, понимать детей, понимать всех, кто младше нас лет на 7 как минимум, как максимум. Поэтому говорить на нем мы все равно будем. А говорить о том, что его нужно очищать, убирать из языка, мы тоже не можем, потому что мы не можем запретить вообще в принципе какие-то слова, так не бывает. Все равно кто-то будет их использовать.
Ведущая:	Вы знаете, мы провели уже эксперимент, такой промежуточный, не научный, но наш телевизионный. Вышли на улицы города и спросили у наших зрителей, у горожан относительно их знания сленга. Давайте посмотрим, потом прокомментируем… **Часто ли у вас получается «чилить»?** Не «чилю». Работа-дом, работа-дом. Переведите! «Чилить»- слышал такое, но как я понимаю, это «отдыхать» Возможно часто, но я это не охарактеризую этим словом Ну да, в выходные бывает

Что вызывает у вас «кринж»?

Не понятное слово

Я знаю, что такое «кринж»- стыд. Ничего не вызывает. Я не совершаю таких поступков, за которые мне стыдно

Мне больше нравиться выражение «испанский стыд», это когда ты смотришь фильм и там происходить что то очень не приятное и тебе не приятно на это смотреть

Я за русский язык

Кто ваш «краш»?

А.. Не, я одинок. Это я знаю слово. Это песня такая есть

«Краш»- это вообще авария, или «Креш»

У меня есть муж

Это что то не обычное

Мы это так не называем. Молодой человек, парень

Жизнь моя – это сплошной «краш»

«Бумер»- это ?

Бумер? Бумеранг для меня это. Это то, что тебе возвращается

Машина

Насколько я помню, это герой такой был. Который тянется во все стороны

Человек, какого-то поколения. Даже не знаю «нашего», «не нашего». Мы не так часто используем слова «чилить», «краш» и «бумер». Мы думаем мы слишком старые, хотя нам по 18, для этих слов

Ведущий:	Ну вот девушки говорят: «Слишком старые, хотя по 18» Действительно, сленг язык совсем для подросткового возраста. Зачем подростки придумывают все эти слова и употребляют, иностранные слова?
Анастасия:	Есть несколько причин. Во-первых, отстроиться от взрослых, этих скучных взрослых и войти в какой-то свой круг. И эти слова становятся способом идентифицировать себя, что я свой, а это все чужие. Поэтому, когда взрослые люди пытаются говорить на сленге, это может быть странно, это может звучать смешно, они могут неправильно это все употреблять. Потому что, когда мы, взрослые уже, пытаемся войти в тот круг, который специально выстроен, чтобы нас не пускать, естественно ничего не выйдет. Но когда родители говорят, что я это не буду изучать, мне это не надо, я не хочу это слышать, получается, что он сам строит эту стену. Тогда он может упустить какие-то процессы в жизни своего ребёнка, перестать его понимать
Ведущая:	Вы знаете, мне кажется, чтобы налаживать позитивную атмосферу в семье, если с юмором относиться, если родитель будет переходить на язык, пытаться что-то говорить (понятно, что у него будет не получаться), это вызовет приятную улыбку у ребенка, хороший повод доброго тролинга. Как вам такой приемчик?
Анастасия:	В разумных пределах. То есть если он скажет «у меня мой краш – мой муж», это прикольно. «Прикольно», кстати, было тоже сленговое слово

Ведущий:	Огромное количество слов когда-то были сленгом, а стали неотъемлемой частью нашей жизни.
Анастасия:	Сленг — это уже более чем вековое явление, это не сейчас появилось. Просто с появлением интернета, это все обостряется, естественно.
Ведущая:	А «краш», «кринж» и «бумер»- они вышли из интернета, из сети? Или это все-таки живое происхождение? То есть молодежь общалась так переписываясь в чатах или это появилось для живого общения?
Анастасия:	Мне кажется, это был симбиоз того и другого. Большинство словечек — это заимствования из английского или отсылки к каким-то песням известных реперов.
Ведущий:	Большинство слов у каждого поколения свои. Поколение вырастает, слова либо уходят, либо остаются с ними уже во взрослой жизни, а следующее поколение придумывает свои какие-то слова. Почему вот так происходит, такой обмен необычными словами?
Анастасия:	Да потому, что мы растём в разное время и соответственно если люди в 30 лет, которым сейчас 30 лет, выросли в 90-е, то есть «бумеры», то естественно они используют те слова, которые были популярны когда-то в их юности. А те кто использовал 80-е, мы их тоже не особо понимали, что там наши родите ли говорили. Но рецепт очень прост. Надо читать книжки. Я библиотекарь, извините.
Ведущая:	А вот для сленга больше, скажем так, натурально и естественно оставаться в своем поколении или это хорошо, что он перетекает в нашу повседневную жизнь?
Анастасия:	В какой-то мере он перетекает в нашу повседневную жизнь, но поколения быстро меняются, особенно подростки, то есть они уже друг друга не понимают. То есть он уже сменился этот сленг и эти сленговые слова.
Ведущий:	То есть мы немного запоздали. Нужно было еще какие-то новые слова. «Бумер» «краш», «кринж» ушли уже в историю
Ведущая:	Это все очень интересно. Но вот вам, людям которые наблюдают за языками, что им остается наблюдать, фиксировать, препятствовать, учить или придумывать?
Анастасия:	Мы уже слишком стары, чтобы придумывать. Естественно лингвисты это фиксируют. Существует большое количество сленговых словарей, которые пытаются это все объяснять. Мне, как просто человеку, когда мы перерастаем подростковый период, мы все равно начинаем говорить чуть более строго, чуть более литературным языком. На это влияют хорошие книги и окружение. Поэтому если родители говорят хорошо то скорее всего 18-ти летние дети тоже будут использовать «испанский стыд», вместо «кринж»

https://tvspb.ru/programs/stories/511199/

ЗАДАНИЕ 7. Посмотрите видео и ответьте на вопросы.

Как интернет повлиял на язык общения?

🪶 Приведите примеры сокращений слов?

🪶 Что такое эффективная коммуникация с точки зрения лингвистики?

#ОШИБКИ_НЕТ: ИНТЕРНЕТ-ЯЗЫК

Интернет- неотъемлемая часть жизни и моей, и вашей. Он повлиял на наше общение, учебу, досуг, и как оказалось на нашу речь. Со всех сторон не слышим слова вроде «лол», «ок» или «прив», и мы точно знаем, что эти слова значат. Но, к сожалению, эти слова не всегда звучат уместно. Давайте вместе узнаем, как интернет навсегда и бесповоротно изменил наш язык.

Когда я начала разбираться в этой теме, я была уверена, что процесс влияния интернета на нашу речь такой односторонний. То есть мы переписываемся почти также, как разговариваем: иногда растягиваем в словах гласные, используем неформальную лексику и пишем друг другу короткие сообщения. Все это, по-моему, отлично характеризовало процесс влияния устной речи на письменную. А потом я услышала, как люди вокруг говорят слова «норм» и нет, удивилась то я не сразу. Удивилась я только потом, когда осознала, что и интернет, и устная речь влияют друг на друга взаимно и очень-очень сильно.

То, как мы разговариваем в реальной жизни, очень влияет на наше общение в интернете. Мы пишем друг другу короткие сообщения-реплики, которые часто состоят всего из одного слова, например, «поняла», «конечно», «давай». Все это очень напоминает живой разговор, где собеседники могут торопиться, перебивать друг друга или ограничивает свою речь всего парой фраз. Неформальный языка интернета позволяет нам делать со словами все что угодно. Из-за желания сэкономить время мы начали использовать в переписке аббревиатуры и сокращенные слова. Кстати, появилась эта тенденция задолго до создания интернета. Этого вы точно не знали: знаменитой аббревиатуре «OMG» (О мой бог) больше ста лет. Самое интересное, что первым человеком, получившим письмо с этим словом, был британский политик Уинстон Черчилль. В 1917 году он получил письмо от генерала Джона Арбетнот Фишера со словами: «Я слышал обсуждается новый рыцарский орден- «OMG», одарите адмиралтейство. А почти через сто лет эта аббревиатура попала в Оксфордский словарь и с тех пор пользуется большой популярностью.

Мы настолько привыкли к сокращенным словам, что начали использовать их и в устной речи. Вряд ли, конечно, мы сохраним больше сил, если скажем своему другу «прив» вместо «привет», или «спс» вместо «спасибо», но от привычки уже никуда не деться. С помощью сокращенных слов можно описать даже шедевры классической литературы, и они все равно останутся узнаваемыми. Например, роман Александра Сергеевича Пушкина «Евгений Онегин» можно было бы пересказать всего в нескольких репликах:

Татьяна: «Го встр?»

Евгений: «Не»

СОКРАЩЕНИЯ

пжлст – пожалуйста
спс – спасибо
крч – короче
шк – школа
инет – интернет
инфа – информация
норм – нормально
мб – может быть
комп – компьютер
др – день рождения
аватар – avatar
админ – admin
архиватор – archiver
аффтар – author
баг – bug
бан – ban
бот – bot
бэкап – backup
винда – windows
геймер – gamer.
гифка – graphic file in gif format.
глючить – glitch
гуглить – to google
демо – demo
дистрибутив – distribution
игнор – ignore
инет – the internet
инфа – information
Касперыч – Kaspersky antivirus

Несколько лет спустя…

Евгений: «Го встр?»

Татьяна: «Не»

Помните эту копипасту? Выглядит конечно очень забавно, да и истории отношения этих героев сразу вспоминается, но я думаю великие классики заслуживают более трепетного отношения к своему творчеству.

А что думает о таких изменениях в русском языке филологи?

Ольга Паршина, зав. Кафедрой «Русский язык, филология и лингвокриминалистика» ГУМПИ ТГУ: «Я постоянно говорю слово «норм» в разговорной коммуникации. Не нужно здесь как-то вот стигматизировать, наверное, этот бедный «норм». Дело не в том, какой объем знаний в лексическом составе, например, языка мы с вами имеем, вопрос о том, насколько мы компетентны коммуникативно, чтобы адекватно, быстро, эффективно оценить речевую ситуацию, понять интенцию, с которой мы вступаем и наш коммуникант в эту речевую ситуацию, понять цель, которую мы преследуем в рамках этой речевой коммуникации и использовать весь набор лексических и всех остальных средств языка, которые нас делают максимально эффективным. Мы достигнем своей цели быстро, эффективно, качественно, с минимальными затратами. Поэтому, конечно же, если я на заседании ученого совета скажу, что «норм» коллеги, план мой по изданию учебно-методическая литература выполнили, то сами понимаете, конечно, я в этом случае не буду коммуникативно эффективной. Но если я дома, в кругу своих близких и друзей скажу, что «дорогие друзья мои, родные, близкие, мы достигли с вами небывалых высот подготовки к пикнику», то конечно тут я тоже буду коммуникативно неэффективна, безусловно. Вот когда я скажу, что «Да, все норм, шашлык есть, празднуем», вот тогда совершенно другая история.

Как оказалось, устная речь и «интернет язык» взаимно влияют друг на друга и в этом нет ничего плохого. Экономим ли мы время, печатая сообщения, говорим ли другу в ответ на шутку громкое «ЛОЛ», все это нормально для нашего языка. Но хотя краткость и сестра таланта, важно помнить, что есть нашей жизни слова, на которые лучше не скупиться. Ведь вряд ли вам или мне было бы приятно услышать от дорогого человека «Лю тя» вместо красивого признания в любви. Это была программа #ошибки.нет. Мы изучаем явления русского языка и вместе с вами учимся говорить по-русски правильно.

ЗАДАНИЕ 8. Посмотрите видео. Как Вы думаете, какое слово года должно быть выбрано в этом году? Почему?

ГАЗЛАЙТИНГ — СЛОВО ГОДА ПО ВЕРСИИ СЛОВАРЯ MERRIAM-WEBSTER.

Слово «газлайтинг», конечно, стало известно широкой публике не сейчас, а несколько лет назад, когда психологические термины стали входить в повседневную речь. Однако редакция словаря Merriam-Webster обратила внимание на то, что в этом году слово «газлайтинг»- приём манипулирования, заставляющий человека сомневаться в собственной адекватности - стало употребляться не только в психологическом, но и в политическом контексте. В этом году число запросов о значении этого термина на сайте словаря увеличилась на 1740%. Лексикографы объясняют это так: «В эпоху фейковых новостей, теории заговора, троллей в Твиттере и дипфейков- газлайтинг превратился в примету нашего времени». В список наиболее значимых слов этого года также вошло слово «рейд» (оно стало популярным после обысков в доме Дональда Трампа), название штамма коронавируса «омикрон» и слово «олигархи». Количество запросов о его значения выросло на 621% в связи с санкциями в отношении российских бизнесменов из-за войны в Украине.

https://www.youtube.com/shorts/-rxA54DYMuE

ЗАДАНИЕ 9. Послушайте песню. Расставьте слова.

тень	чилить	холод
мечты	надолго	вечном

Filatov & Karas Чилить

Километры дорог нам заменят мили
Где мы будем ...., где мы будем чилить
А на море песок, и релакс на стиле
Нам так нравится там, где мы будем чилить
Сочиняй ночь, сочиняй день
Нарисуй, как будет выглядеть твоя ....
Представляй сейчас, как меня хочешь видеть ты
Сочиняй, сочиняй, сочиняй ....
Нечего ждать, ведь время же не бесконечно
Пора улетать в места, где подумать о ....

Подальше от дома, чтоб силы набраться

И вернуться, и снова .... остаться

Километры дорог нам заменят мили

Где мы будем чилить, где мы будем чилить

А на море песок, и релакс на стиле

Нам так нравится там, где мы будем чилить

Где мы будем чилить

Нам так нравится там, где мы будем чилить

Отпускай город, забывай ....

Забивай на тех, кому совсем ты не был дорог

Представляй маршрут, и только твой проложен путь

Где ты когда-то счастлив был, и если не был, будь

Нечего ждать, ведь время же не бесконечно

Пора улетать в места, где подумать о вечном

Подальше от дома, чтоб силы набраться

И вернуться, и снова надолго остаться

Километры дорог нам заменят мили

Где мы будем чилить, где мы будем чилить

А на море песок, и релакс на стиле

Нам так нравится там, где мы будем чилить

ЗАДАНИЕ 10. Посмотрите видео. Ответьте на вопросы.

🎧 Что такое рунглиш? Как он образуется с точки зрения морфологии, лексики, строения предложения?

🎧 Приведите минимум 10 примеров слов из рунглиша.

🎧 Как Вы думаете, рунглиш – явление временное или новые слова вскоре войдут в литературный русский язык?

ПИСИКОМ ИЛИ ПОСЛАЙСИТЬ?

Петров Капланом за пуговицу пойман. Штаны заплатаны, как балканская карта. Я вам, сэр, назначаю апойнтман. Вы кажется, знаете мой апартмент? Тудой пройдете четыре блока. Потом сюдой дадите крен. А если стриткара набита, около можете взять подземный трен. Это Маяковский, стихотворение «Американские русские», написано сто лет назад, но с тех пор ничего не изменилось. Носители русского языка, живущие в англоязычной среде, назначают аппойнтменты, паркуют кары за корнером, покупают в русских магазинах полпаунда колбаски и ищут хелперов на мувинг. А если я хочу найти здесь 1-комнатную квартиру я буду искать исключительно однобедрумный апартмент, иначе соотечественники меня не сразу и поймут. Все это называется рунглишем - то есть смесью английского и русского. Кто-то считает его псевдодиалектом английского языка, кто-то пиджином - смешанным языком, который возникает, когда соприкасаются две среды.

Считается, что этот термин ввел широкое употребление космонавт Сергей Крикалев, который сообщил, что его коллеги использовали смесь русского и английского в 2000 году на Международной космической станции. С тех пор НАСА указывает рунглиш как один из языков, которые используются на борту МКС. И конечно, рунглишем называют язык иммигрантов. Классическим примером, который, впрочем, совершенно реален, считается фраза продавщицы о сыре: «вам одним писиком или послайсить?».

Как образуются слова в рунглише? Во-первых, это может быть простое вкрапление- то есть английское слово посреди русского предложения. «Доча, сэй деда!»- такой пример привили мне пользователи фейсбука. «Седу на трейн», «родить бэбика, сделать ему сошиал и дать медикейшн» и так далее. Яркий пример речи с такими вкраплениями- речь звезды ютьюба, знаменитой продавщицы из Канады Зои Виксельштейн. «Его дизайнс могут носить любого возраста, любого шейп, сайз, хайт. И он таймлесс!

Второй способ образования слов рунглише — это когда к английскому слову пределываются русские суффиксы и приставки. Отсюда всякие заапплаиться и почекай, не спидуй, еще 600 майлов ехать. В каком способе словообразования особенно преуспевают дети. «Мама у меня пальчик блидит»- еще один пример от моих друзей из фейсбука. А мой сын как-то просил сделать в комнате освещение подарче, то есть потемнее, приглушить его.

Третий способ- это перевод английских слов и выражений, но не обычный, а ложный перевод. Например, когда ивент переводят как «событие» вместо «мероприятия». «Я был на одном интересном событии!» Или когда вместо «занятия» говорят «активности». Особенно забавно звучит выражение «Я имел фан!». То есть я развлекался, хорошо провел время.

Четвертый способ — это, конечно, заимствование грамматических конструкций. Русские эмигранты обычно очень переживают, как бы не докатиться до того, чтобы «брать» поезд или автобус.

Если такие явления в других языках? Конечно, есть. В одном из рассказов Аверченко мы можем найти такой же пример смешение русского с французским, вот как это звучит: «Была большая дождика. Погода был то, что называй веритабль Петербурджен. Один молодой господин ходил по одна улица по имени сей улица: Крещиатик... Им очень хотелось манже. Он заходишь на конюшню, сесть на медведь и поехать в ресторан где скажешь: Гарсон ун тасс Рабинович, и одна застигайчик авик тарелошка с ухами».

Много таких смешений на постсоветском пространстве, где взаимодействуют русский и государственный язык страны. Рунглиш есть и в самой России! Это связано с очень активным проникновением в речь англицизмов. Иногда бывает даже трудно понять, что имеет в виду автор того или иного текста. Журналист, филолог, автор популярных книг о русском языке Марина Королёва собирает такие примеры.

«Ну вот совсем недавно у своей студентки в учебном подкасте я услышала прекрасную фразу, которая меня остановила, я долго смеялась сама и выложила ее для своих подписчиков в социальных сетях: «Хелпер помогает в проведение воркшопов, хостит участников перед ивентами» Я все это услышала и не могу сказать, что я восприняла эту фразу сразу, мне понадобилось несколько секунд, для того чтобы ее перевести. Как мне кажется единственный путь — это обращать на это внимание, фокусироваться на явлении, привлекать к нему внимание, чтобы человек просто осознал, что на самом деле делает.

Конечно, избежать смешения там, где встречаются два языка, просто невозможно. По словам Марины Королёвой, лучшее средство сохранить речь грамотной и чистой - это посмеяться над собой. Поэтому я искренне благодарю моих подписчиков в фейсбуке, которые напомнили мне о самых типичных образцах рунглиша и привели смешные и полезные для анализа собственной речи примеры. Мы, как говорится, имели фан!

https://youtu.be/WS2kfDmSoYI?si=9Oo1_2C08o_jnqqo

CHAPTER 7
ЭЛЕКТРОННАЯ КОММЕРЦИЯ

Покупай не то, что нужно, а то, что необходимо.
Катон Марк Порций Цензорий

ЗАДАНИЕ 1. С какими высказываниями Вы согласны?

Маркетинг — это продажа клиенту стандарта жизни.
Пол Мазур

Покупайте землю, она уже не производится.
Марк Твен

Торговля правит миром. Скорее богатство, чем торговля! Это верно. Но верно также и утверждение, что кратчайшим путём к богатству является продажа самой дешёвой дряни в самой дорогой упаковке. — книга вторая, глава 2 (III)
Герберт Уэллс

ЗАДАНИЕ 2. Заполните карту слов.

Слова для справок: фактор, момент, аргумент, бросок, высокая, повысить, низкая, внутренний, мировой, ценных бумаг, свободный, рухнул, развивается, финансовые, огромные, компенсировать, минимальные

РЕШАЮЩИЙ

....
....
....
....
....
....
....

МАРЖИНАЛЬНОСТЬ

....
....
....
....
....

РЫНОК

....
....
....
....
....

ЗАТРАТЫ

....
....
....
....
....
......

ЗАДАНИЕ 3. Посмотрите на картинку. Что на ней изображено? Как Вы думаете, о чём пойдёт речь в видео?

1. **решающий фактор** - determinative factor
2. **поставщики** - suppliers
3. **склад** -   warehouse
4. **система оплаты** - payment system
5. **поддержка сайта** – website support/maintenance
6. **таможня** - customs
7. **затраты** - expenses
8. **курьер** - courier
9. **содержание склада** - warehouse maintenance
10. **логистика** - logistics
11. **высокая маржинальность** - high margin
12. **электронная коммерция** - e-commerce

ЗАДАНИЕ 4. Прочитайте словарик. Посмотрите видео «Профессия нового тысячелетия Электронная коммерция», ответьте на вопросы.

1. Что является решающим фактором в сфере бизнеса?
2. Чем отличается электронная коммерция от традиционного бизнеса?
3. Согласны ли Вы, что будущее — за электронной коммерцией? Аргументируйте.

ПРОФЕССИЯ НОВОГО ТЫСЯЧЕЛЕТИЯ ЭЛЕКТРОННАЯ КОММЕРЦИЯ

Привет, друзья! Время, как известно,- деньги. Не секрет, что оно (время) идет, и бизнес также не стоит на месте. И то, что раньше лишь бегало для доставки груза, теперь ездит, бороздит океаны, и летает. Скорость для бизнеса- решающий фактор в победе. Не говоря уже о том, сколько сил нужно потратить на создание бизнеса. Например, интернет-магазин. Что нам понадобится? Нанять программистов, дизайнера, копирайтера, контент-менеджеров, придумать логичный, понятный и простой интерфейс магазина, договориться с поставщиками, арендовать склад и офис, установить и настроить систему оплаты, осуществлять поддержку сайта и многое другое. Это как минимум. Добавьте сюда еще затраты на таможню, водителя, курьера, плату за въезд в центр или платную парковку, бензин и содержание склада. Неплохо, да?

А что, если я скажу тебе, что все это уже сделано? Забудьте о логистике, аренде и содержании склада, транспортировке коробок. Это прошлый век. Скорость - это один из важнейших плюсов проекта. Высокая маржинальность при минимальных затратах. Для управления магазином достаточно одного человека — Вас. И мой любимый плюс-Вы можете работать из любой точки мира, нужен только интернет. Будущее- за электронной коммерцией, друзья.)

https://www.youtube.com/watch?v=TZGx5A2UtjU

ЗАДАНИЕ 5. ПРОЧИТАЙТЕ СЛОВАРИК. ПОСМОТРИТЕ ВИДЕО «РЫНОК ЭЛЕКТРОННОЙ КОММЕРЦИИ В РОССИИ 2022-2025». ДОПОЛНИТЕ ПРЕДЛОЖЕНИЯ.

1. **рынок** - market
2. **статистика** - statistics
3. **бурный рост** – rapid growth
4. **мгновенно** - instantly
5. **спад** - decline
6. **объём рынка** – market value
7. **розничные магазины** – retail stores
8. **предприниматель** - entrepreneur
9. **фишки/фишечки** (*сленг*) – feature

- На этом канале я рассказываю про ....коммерцию, маркетплейсы и онлайн ....в целом.
- Если мы посмотрим на ...., и в принципе возьмем бурный рост нашего рынка за 2022 год,- за год вот этого нашего локдауна, пандемии так далее, - за этот год у нас рост ....электронной коммерции, если я не ошибаюсь, составил 58 процентов.
- С другой стороны - мы понимаем, что ....рынка электронной коммерции в Штатах, конечно, значительно выше, чем у нас, и нам до него еще идти и идти.

ЗАДАНИЕ 6. Посмотрите видео «Рынок электронной коммерции в России 2022-2025» второй раз, ответьте на вопросы.

- Какую оценку российской электронной коммерции даёт ведущий?
- Определите тон ведущего.

Всем привет! Давайте поговорим, что происходит с рынком электронной коммерции в России. Меня зовут Юрий Бедретдинов, я 11 лет занимаюсь электронной коммерцией, являюсь основателем интернет-магазина Best Kitchen RU и бренда Сканди-Лайн. На этом канале я рассказываю про электронную коммерцию, маркетплейсы и онлайн бизнес в целом. Подписывайтесь на канал, если еще этого не сделали. И мы начинаем. Итак, что же происходит с рынком электронной коммерции в России в 2022 году? Если мы посмотрим на статистику и в принципе возьмем бурный рост нашего рынка за 2022 год, за год вот этого нашего локдауна, пандемии так далее,- за этот год у нас рост рынка электронной коммерции, если я не ошибаюсь, составил 58 процентов. Очень бурный рост. Мы мгновенно выросли и вырос в принципе, весь мировой рынок электронной коммерции, и это понятно, потому что все сидели дома и покупали в интернете. Но, если мы посмотрим на динамику американского рынка, да и нашего, у них после пандемии пошел спад рынка, довольно-таки сильный, а у нас в России продолжается рост. И это не может не радовать с одной стороны. С другой стороны - мы понимаем, что объем рынка электронной коммерции в Штатах, конечно, значительно выше, чем у нас, и нам до него еще идти и идти. Что мы видим сейчас - за 2021 год мы выросли на 44 процента год к году, и объем рынка электронной коммерции в России составил 3.9 триллиона рублей. И это не может не радовать, но по-прежнему у нас довольно-таки слабое проникновение онлайн коммерции в целом. То есть сейчас уровень проникновения электронной коммерции у нас на уровне 9% от всех розничных продаж. То есть, если взять все розничные продажи в нашей стране – 91% по-прежнему приходится на розничные магазины, на оффлайн, просто на обычные магазины, люди покупают до сих пор, как бы не до сих пор, а в большей степени, как бы да, как мы видим покупают там. И с одной стороны, это не может не радовать, потому что у нас есть огромные горизонты для роста, то есть проникновение в 9% говорит нам о том, что нам есть куда расти, мы не уперлись в какой-то там потолок, и то, что прогнозируют аналитики data insight на ближайшие три года это рост практически в 4 раза, они прогнозирую, что к 2025 году объем рынка электронной коммерции в России составит 11.1 триллиона рублей. Напоминаю, что за 2021 год - 3.9 триллиона рублей. И это не может не радовать, нам есть, куда расти, мы видим как раз тут у нас и маркетплейсы, и как у нас в принципе приходят в рынок новые предприниматели и вообще количество предпринимателей в онлайне значительно выросло и напомню, тот же Wildberries отчитался о том, что у них сейчас зарегистрирован 500 тысяч предпринимателей которые торгуют на площадках. И это не может не радовать, потому что люди уходят в онлайн бизнес и развивают его.

Понятное дело, что очень много начинающих предпринимателей еще не совсем опытных, но, так скажем, это все дело времени, и я искренне рад, что эта сфера начала наконец-то таки бурно развиваться. То, что я уже 11 лет в этом занимаюсь, 11 лет занимаюсь электронной коммерцией, и в принципе задача моего канала и такая некая моя личная миссия в том, чтобы популяризировать предпринимательство в России, в целом онлайн предпринимательство. Поэтому и выступаю на различных мероприятиях с лекциями, выступаю как спикер на эти темы, и пытаюсь по возможности всю эту историю тоже как-то двигать за счет своего канала, за счет своих выступлений, там интеграции каких-то мероприятий. И мне этот безумно нравится. Как вы считаете, будет ли такой рост дальше у нас идти? Напишите, пожалуйста, в комментариях. Так же напомню, что я запустил платный телеграмм-канал, ссылка на него будет в описании к видео, где я рассказываю актуальные новости и тренды в сфере онлайн-бизнеса, электронной коммерции и в принципе бизнеса в целом, рассказываю какие-то фишки по маркетплейсам, как работать, даю рекомендации каких-то сервисов так далее, то есть в telegram канале я публикую ту информацию, которую я не рассказываю на этом youtube-канале. Поэтому если вы хотите быть в курсе этой ниши, если вы хотите развиваться в электронной коммерции, знать, что происходит в рынке, что можно применять у себя бизнесе, где-то подсматривать какие-то новые фишечки, приглашаю вас в свой закрытый телеграм-канал. Можно приобрести подписку как помесячную, либо разово приобрести бессрочный доступ и получать все эти знания уже на постоянной основе. Спасибо, что были сегодня со мной в эфире. До скорой встречи!

https://www.youtube.com/watch?v=ynMgzFkr_xg

ЗАДАНИЕ 7. Послушайте статью. Заполните пропуски.

комиссия /онлайн-ретейлер/ платежными/ оборот/ объемы продаж

ОБОРОТ ОНЛАЙН-РЕТЕЙЛЕРА WILDBERRIES В 2021 ГОДУ ВЫРОС НА 93%.

Российский онлайн-ретейлер Wildberries отчитался о росте чистого оборота (с учетом возврата заказанных товаров) на 93% в 2021 году. Об этом сообщает РБК со ссылкой на заявление компании.

В денежном выражении чистый _____ Wildberries составил 844 миллиарда рублей. В четвертом квартале 2021 года, заявил _____, этот показатель достиг исторического максимума — 304,8 миллиарда рублей.

За год на Wildberries было сделано 808,6 миллиона заказов, на 146% больше чем в 2020 году. Покупательская аудитория достигла 113 миллионов пользователей, объявила компания.

Самые высокие темпы роста продаж фиксировались в категории ювелирной бижутерии (+304% к 2020 году), пишет «Коммерсант» также со ссылкой на заявление компании. Наибольшие _____ были в категории одежды, обуви и аксессуаров (336,5 миллиарда рублей, +55% к показателям 2020 года).

По состоянию на третий квартал 2021 года, пишет РБК, Wildberries занимал первое место по размеру оборота в России, на втором был Ozon, на третьем — «AliExpress Россия». На долю этих трех маркетплейсов приходилось 36% российского рынка.

Основательницу Wildberries Татьяну Бакальчук Forbes считает богатейшей женщиной России. В 2021 году она, по данным Forbes, стала лидером среди всех миллиардеров мира по процентному приросту состояния. По подсчетам издания, оно увеличилось более чем на 1000%.

В 2021 году широко обсуждался спор Wildberries с международными _____ системами Visa и Mastercard, которые заявляли, что ретейлер повысил цены на оплату их картами, и обвиняли компанию в создании дополнительных комиссий. При оплате картами российских платежных систем _____ не взималась. Эксперты предполагали, что Wildberries пытался заставить Visa и Mastercard снизить комиссии при оплате. Конфликт был улажен. Visa и Mastercard снизили комиссию за оплату картой покупок у крупных онлайн-ретейлеров, включая Wildberries.

https://meduza.io/news/2022/01/28/oborot-onlayn-reteylera-wildberries-v-2021-godu-vyros-na-93

ЗАДАНИЕ 8. Послушайте статью. Расставьте предложения по тексту.

1) Генеральный директор «Infoline-аналитики» Михаил Бурмистров назвал маркетплейсы главным бенефициарами параллельного импорта.
2) В «Яндекс.Маркете» тоже ждут гарантий от продавца, что их продукция соответствует законам РФ, как и в случае с обычным импортом.
3) Всего перечень содержит 96 пунктов.
4) В Wildberries добавили, что это способ создать запасы товаров первой необходимости, что поможет стабилизировать цены и создать новые рабочие места.

«ЯНДЕКС.МАРКЕТ», OZON И WILDBERRIES РАЗРЕШИЛИ ПРОДАВАТЬ ТОВАРЫ ИЗ СПИСКА ПАРАЛЛЕЛЬНОГО ИМПОРТА — ТО ЕСТЬ ВВЕЗЕННЫЕ В СТРАНУ БЕЗ РАЗРЕШЕНИЯ ПРАВООБЛАДАТЕЛЯ

Ozon и Wildberries разрешили продавать на своих площадках товары из списка параллельного импорта, то есть товары, ввезенные в страну без разрешения правообладателя и через третьи страны. К ним присоединился и «Яндекс.Маркет», сообщают «Ведомости» со ссылкой на представителя компании.

Три крупнейших маркетплейса внесли изменения в правила для продавцов после того, как правительство России в конце марта узаконило параллельный импорт. 6 мая Минпромторг РФ опубликовал приказ со списком таких товаров. _____ Среди них:

- одежда и обувь, косметические компоненты,
- бытовая техника (Electrolux, Miele, Siemens, Dyson, Philips),

- аудио-, фото- и видеотехника, умные часы, игровые приставки (Apple, Asus, HP, GoPro, Panasonic, Samsung, Nokia, Sony, Intel, Dell, LG, Toshiba, XBox, PlayStation, Nintendo),
- автомобили (Bentley, Cadillac, Land Rover, Jaguar и другие), двигатели (Volvo, Hyundai, Nissan, Volkswagen) и запчасти к ним (в том числе шины Michelin, Goodyear, Continental, Bridgestone).

«Одним из принципов формирования перечня стала защита интересов отечественных потребителей продукции тех иностранных компаний, которые покинули российский рынок в условиях введенного „недружественными" странами санкционного режима», — заявили в Минпромторге.

Пока конкретная продукция из списка министерства на Ozon не представлена, поскольку не все продавцы успели изучить правовую базу и возможности. Однако, по словам собеседника газеты, «у многих есть заинтересованность в этом».

Накануне в пресс-службе Ozon заявили, что для продажи товаров параллельного импорта поставщикам нужно будет подтвердить подлинность и происхождение продукции, иначе его скроют из продажи, чтобы избежать реализации подделок. _____ Маркетплейс также запрашивает у поставщиков документы о происхождении товара. Если их нет, карточка продажи скрывается.

При этом, отмечают «Ведомости», в «Яндекс.Маркете» и Wildberries вся продукция проверяется только в случае жалоб покупателей или правообладателей. В Ozon заявили, что основная часть контрафакта на их площадке выявляется до того, как товар становится виден клиенту.

В Ozon объяснили готовность продавать на своем сайте товары из списка параллельного импорта тем, что такая мера важна с точки зрения обеспечения ассортимента, необходимого для российских потребителей.

На маркетплейсах и раньше не следили строго за авторским правом, отметил генеральный директор облачного сервиса «Мойсклад» Аскар Рахимбердиев. По его словам, для некоторых товаров параллельного импорта маркетплейс пойдет на уступки, разрешит продавцам реализовывать продукцию без полного перечня документов. _____ Он отметил, что на первых порах такие товары будут реализовываться именно малым и средним бизнесом, тогда как крупные игроки рынка будут не готовы брать на себя риски работы по такой схеме, предпочитая выступать посредниками.

США, Евросоюз и присоединившиеся к ним страны из-за войны в Украине наложили на Россию санкции, включающие в себя запрет на поставки многих категорий продукции. На фоне санкций и российского вторжения почти тысяча иностранных компаний объявили о прекращении или приостановке деятельности в России.

https://meduza.io/feature/2022/05/13/yandeks-market-ozon-i-wildberries-razreshili-prodavat-tovary-iz-spiska-parallelnogo-importa-to-est-vvezennye-v-stranu-bez-razresheniya-pravoobladatelya

ЗАДАНИЕ 9. Послушайте статью. отметьте верные и неверные утверждения.

True/False	Facts
True/False	В рейтинге богатейших семей России новый лидер — основательница Wildberries Татьяна Бакальчук и ее муж Владислав.
True/False	31 декабря 2019 года Татьяна Бакальчук передала 21% своему супругу Владиславу.
True/False	Второе место в рейтинге заняла семья заместителя председателя совета директоров химического холдинга «Фосагро» Андрея Гурьева.
True/False	Forbes указывает, что в недвижимости и промышленном строительстве не было такого сильного роста, как в ретейле или на рынке удобрений.

В рейтинге богатейших семей России новый лидер — основательница Wildberries Татьяна Бакальчук и ее муж Владислав.

Журнал Forbes представил рейтинг богатейших семей России 2021 года. Список впервые возглавила семья богатейшей женщины России, основательницы онлайн-ретейлера Wildberries Татьяны Бакальчук.

До недавнего времени, пишет издание, Татьяна Бакальчук оставалась единственным владельцем компании Wildberries, но 31 декабря 2019 года она передала 1% своему супругу Владиславу, а ее доля снизилась до 99%. Это формально позволило включить семью в рейтинг. Forbes оценил состояние семьи Бакальчук в 13,1 миллиарда долларов.

Второе место в рейтинге заняла семья заместителя председателя совета директоров химического холдинга «Фосагро» Андрея Гурьева (6,9 миллиарда долларов). За год состояние членов семьи выросло на 1,8 миллиарда долларов за счет роста капитализации компании Гурьевых «Фосагро» на 60%.

На третьем месте оказалась семья Аркадия и Бориса Ротенбергов, которая в 2020 году занимала первое место в списке. Совокупное состояние семьи выросло за год на 500 миллионов до 5,95 миллиарда долларов. Forbes указывает, что в недвижимости и промышленном строительстве, где работают Ротенберги, не было такого сильного роста, как в ретейле или на рынке удобрений.

На четвертом месте — семья Михаила Гуцериева, которая в 2015-2019 годах занимала первую строчку рейтинга. Состояние семьи за год выросло на 500 миллионов до 3,7 миллиарда долларов. В топ-5 также вошла семья Евтушенковых, чье состояние за год выросло с 2,3 до 3,2 миллиарда долларов за счет стремительного роста акций Ozon.)

https://meduza.io/news/2021/08/30/v-reytinge-bogateyshih-semey-rossii-novyy-lider-osnovatelnitsa-wildberries-tatyana-bakalchuk-i-ee-muzh-vladislav

ЗАДАНИЕ 10. Работа в группе.

Выберите компанию, которая занимается электронной коммерцией и расскажите о бизнес-модели этой компании (какое место занимает на рынке, какую продукцию предлагает, с какими компаниями конкурирует, какими преимуществами/недостатками обладает компания, какая стратегия развития, объём продаж и т.д.).

AUDIO & VIDEO materials

https://drive.google.com/drive/folders/1sMywyEEq0NxfZAGEhPnWh tCbMsed0Iic?usp=sharing

Аудио: Кирпичникова Э.

Оформление: Кирпичникова Э.

Наши сайты:

Tesoro Language Center www.tesorolc.com

Interesting Russian www.interestingrussian.com

https://www.youtube.com/@interestingrussian

Recommendations for advanced-level textbooks:

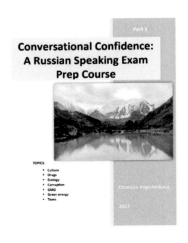

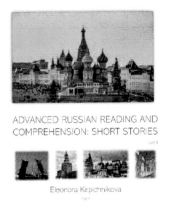

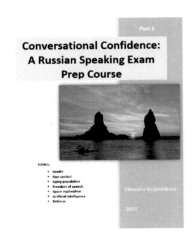

Made in the USA
Middletown, DE
05 November 2024

63907717R00051